한 장의
미래
지도

THE ONE PAGE
FUTURE MAP

일러두기

1. 독자의 이해를 돕기 위해 필요한 경우 100엔을 1,000원, 1달러를 1,200원 기준으로 환산해 표기했습니다.
2. 본문 중 하단의 각주는 지은이의 보충 설명이며, 참고 자료는 문장 중에 숫자로 표기한 다음 책 뒤쪽에 실었
   습니다. 옮긴이 주는 본문 중 괄호로 처리했습니다.

사업의 최전선에서
살아남기 위한 강자의 무기

한 장의
미래
지도

요코타 이사오 지음

김혜영 옮김

생각지도

방황하는 리더에게
들려주고 싶은 이야기

이 책은 이야기 형식이다. 2050년 연매출 50조 원의 도도 그룹 회장이 '나를 바꾼 한 장의 지도' 강연을 개최하면서 이야기는 시작된다. 아시아를 대표하는 경영인이자 '거침없는 리더'라 불리는 도도 회장이지만, 마흔이 되던 30년 전 그는 연매출 5억 원이 채 되지 않는 파산 직전의 비디오 가게 사장에 불과했다. 심지어 적자를 면치 못하고 자금 조달이 어려워진 상황에서 숲속에서 자살을 결심한다. 그러던 중 숲에서 길을 잃은 '야시로'라는 인물을 만나고 이후 사업의 방향을 전환하면서 승승장구해 도도그룹을 일구어낸다. 그때 야시로가 그에게 내민 것이 바로 '한 장의 미래 지도'다.

이 책은 단지 종이 한 장에 불과한 지도가 어떻게 도도의 인생을 뒤바꾸었는지 그 여정을 따라가는 내용이다. 사람을 감동시키고 움직이는 데는 스토리만 한 것이 없다는 판단하에 이번 책은 허구의 이야기 형식에 도전해보았다. 하지만 사업이 가라앉고 있거나 도약의 기미가 보이지 않을 때 무엇을 해야 할지 모른 채 모든 것을 포기하고만 싶은 심정은 이야기 속의 도도뿐만은 아닐 것이다. 비즈니스 세계에서 CEO, 사장, 사업가, 팀장 등 조직의 크기나 종류, 직급에 상관없이 리더라는 자리에 있는 이라면 그 묵직한 무게감을 견뎌내고 있다.

무엇보다 "나아가도 좋고 멈추어도 좋다. 결단을 내리는 것이 중요하다"라는 '경영의 신' 마쓰시타 고노스케의 말처럼 리더는 결단을 내려야 할 때가 많다. 어느 쪽으로든 결단을 내리기까지 리더는 숱한 밤을 지새우게 될 것이다. 하지만 리더는 절대 방황해서는 안 된다. 그의 결단 뒤에는 리더만큼이나 매 순간 치열하게 고민하며 일해온 동료와 직원이 있고, 그들이 만들어낸 일이 어떤 성과로 발현될지는 리더가 내리는 결단에 달려 있기 때문이다.

그렇지만 솔직히 말해서 방황하지 않는 리더가 과연 존재할까? 리더라면 누구나 한번쯤 방황할 것이다. 리더가 단번에 결단을 내리지 못하고 방황하는 때는 자신이 경험해보지 못한 낯선 상황에 직면한 경우가 대부분이다.

사람은 자신이 경험한 상황에 대해서는 그 경험을 바탕으로 쉽고 빠르게 결단을 내릴 수 있다. 그러나 경험을 초월해 처음 마주하는 낯선 상황, 예를 들어 코로나, 경기 불황, 급속도로 바뀌는 사업 환경 등을 마주할 때는 결단을 내리는 것이 두렵고 잘못된 판단에 휘청이게 된다. 난생 처음 보는 상황에 느닷없이 내던져진다 해도 리더는 적확한 결단을 내려야 한다. 한술 더 떠서 그 현장은 또다시 급속히 변한다. '방황하지 말라'는 말 자체가 앞뒤가 안 맞는 셈이다. 하지만 이 모순 속에서도 감히, 다시 한 번 말하겠다.

"리더는 절대로 방황해선 안 된다."

그렇다면 한 치 앞도 보이지 않는 막막한 상황에서 리더는 어떻게 해야 할까? 나아가는 대신 멈추기로 했다면 그 결단 역시 인정하는 바다. 다만 지금 서 있는 자리에서 포기하고 싶지 않다면, 나아가기로 결정했지만 어디서부터 어떻게 시작해야 할지 길이 보이지 않는다면 '한 장의 미래 지도'를 그려볼 것을 권한다. 비디오 가게 사장이었던 도도가 30년 후 도도그룹 회장이 되었던 것처럼 당신의 1년 후, 3년 후 혹은 10년 후의 모습을 시각화하는 데 도움이 될 것이다.

먼저 눈을 감고 당신의 미래를 상상해보라. 1년이 너무 짧다면 3년 후도 좋고, 10년 후의 모습도 상관없다. 당신이 상상하는 미래에서 당신은 어떤 모습으로 서 있는가? 분명 지금보다는 목표에 가까워져 있을 것이다. 10년 후 당신의 비즈니스는 국내의 내로라하는 경쟁업체들과 어깨를 나란히 하고, 당신은 도도그룹 회장과 같은 인물이 되어 있을지도 모른다. 미래를 상상하면 지금의 현실에서 무엇을 해야 하는지 길이 보인다. 경영 컨설턴트인 간다 마사노리도 "미래로부터 역산해 현재의 행동을 결정하면 벽에 막히는 상황을 제거할 수 있다"라고 하지 않던가. 바로 이것이 '한 장의 미래 지도'를 그려야 하는 이유다.

미래 지도는 열 장이 넘어가면 전혀 도움이 되지 않는다. 아니 두 장도 허락되지 않는다. 한 장이 아니면 또다시 헤매기 때문이다. 전체를 부감하려면 한 장의 지도여야만 한다. 이 책에서 가장 신경 쓴 부분도 한 장에 담아내는 것이었다. 왜 이렇게까지 한 장의 지도에 집착할까? 그것은 '사람을 움직이는 전략은 한 장에 담겨 있다'라는 나의 실제 경험에 기초한 신념 때문이다.

"어떤 지적인 바보도 사물을 더 크고, 더 복잡하고, 더 격렬하게 만들 수 있다. 하지만 그 반대편으로 나아가려면 약간의 천재성과 많은 용기가 필요하다. 만약 당신이 어떤 것을 단순하게 설명할 수 없다면 당신은 그것을 충분히 이해하지 못한 것이다."

아인슈타인의 말인데, 그의 말이 옳다. 나는 그동안 국내외 4만 명 넘는 리더들을 지도해왔는데 성공한 이들에게는 공통점이 있었다. 성공한 사장이나 리더는 어떤 복잡기괴하고 난해한 프로젝트도 '목표 ― 문제점 ― 대책'을 간략하게 한 장에 담아냈다!

반대로 두툼한 전략 자료를 만들어놓고 뿌듯해하는 리더는 예외 없이 실패했다. 리더가 제시하는 자료의 양이 많으면 직원들이 전략을 바로 이해하기 어렵기 때문이다. 무엇보다 한 장에 정리하지 못한다는 것은 리더 본인이 지금 헤매고 있다는 증거이기도 하다. 사실 두툼하게 자료를 쌓아 올리는 것보다 한 장에 정리하는 것이 훨씬 더 어렵다. 따라서 팀장, 사장, 사업가 등 리더라면 누구나 한 장의 미래 지도 그리기를 배워야 하고, 언제든 그려낼 수 있어야 한다.

'한 장의 미래 지도'의 큰 틀을 마련하기 위해 나는 두 거인의 힘을 빌렸다. 경로를 그리기 위한 프레임워크framework로서 저명한 경영학자들의 이론을 바탕으로 한 '현자의 지혜'와 성공한 기업들의 발자취를 탐색하기 위한 사례로서 '강자의 비결'을 책의 중간중간에 소개했다. 현자의 지혜에는 클레이튼 크리스텐슨부터 김위찬·르네 마보안, 필립 코틀러, 이고르 앤소프, 헨리 민츠버그, 피터 드러커 등의 책과 자료들을 참고했고, 강자의 비결에는 구글, 넷플릭스, 마이크로소프트, 후지필름 등 세계적 기업들의 성공 전략이 포함되어 있다.

비밀을 하나 밝히면 '한 장의 미래 지도'는 그리는 사람마다 다른 지도가 완성된다. 각자가 처한 상황이 다르고, 설령 상황이 비슷하다고 해도 사람마다 해석이 달라서 어떤 리더와 직원이 그리느냐에 따라 다른 지도가 만들어질 수 있다. 중요한 것은 리더가 세우는 전략에 직원이 실행하는 전술이 합쳐져야 지도가 완성된다는 점이다. 그리고 사업에 대해 고민될 때마다 함께 완성한 지도를 들여다본다면 다시 나아갈 힘을 얻을 수 있을 것이다.

이런 에피소드도 있다. 한 장의 지도가 생사를 가른 이야기다. 어느 등반대가 히말라야산맥에서 조난을 당해 하산할 방도를 잃었다. 그때 한 대원의 주머니에 지도 한 장이 있었는데 나침반은 없었다. 나침반이 없으면 방향을 알 수 없기 때문에 지도는 아무런 쓸모가 없다. 그런데 결과적으로 그들은 나침반을 사용하지 않고도 지도 한 장에 의존해 무사히 하산해 전원 목숨을 구했다. 대체 그들은 한 장의 지도를 어떻게 활용한 것일까? 그 지도에는 무엇이 그려져 있었을까?

일부러 애태우는 것 같아 미안하지만 그 의외의 결말은 이 책의 마지막에 공개하기로 하고, 여기서는 한 장의 미래 지도의 본질을 강조하고 싶다. 한 장의 미래 지도는 비즈니스의 최전선에서 살아남기 위한 강자의 무기이며, 절망과 방황을 끊어낼 힘을 갖고 있다. 세상에 하나뿐인 한 장의 미래 지도를 손에 쥔 채 꺾이지 않고 직원을 이끌어가며 다시 일어서는 당신의 모습이 떠오른다. 나에게는 그런 소식을 듣는 것 이상의 기쁨은 없을 것이다. 부디 즐기면서 한 장의 미래 지도를 완성해보길 바란다.

요코타 이사오

들어가며
방황하는 리더에게 들려주고 싶은 이야기 4

프롤로그   2050년이 2020년에게

2050년 12월 1일 목요일 @메트로폴리스 도쿄 16
2020년 11월 30일 월요일 @도쿄 교외 22
한 장의 미래 지도를 공개합니다 32

제1부

리더가 세우는 '전략'

STEP 1.   목표 설정 –
'0'을 덧붙여 목표를 높게 잡아라

리더의 지도는 단 한 장이면 충분하다 44
환경 변화와 전략의 관계 50
목표를 구체적으로 수치화했는가 54

'높게 잡은 목표'에서 이노베이션이 나온다 60

스텝 1 지도 그리기 67

강자의 비결 사례 1. 목표 설정 이것이 구글의 최강 사고법 '10×'다 70

STEP 2.
시장 파악 – 새의 눈으로 바람을 읽어라

왜 '새의 눈'이 필요한가 76

미래에 대한 힌트는 모두에게 공개되어 있다 81

시장을 파악하는 3가지 질문 84

시장 파악 매트릭스 92

시장 파악 매트릭스에 대입하기 98

스텝 2 지도 그리기 102

강자의 비결 사례 2. 시장 선택 넷플릭스여, 그런 것까지 한단 말인가! 106

STEP 3.
전략 결정 – 방향은 4가지 전략으로 정하라

구체적인 것에서 개념적인 것으로 114

변해야 하는데 변하지 못하는 이유 117

앤소프 매트릭스 122

이노베이션으로 향하는 2가지 힌트 130

스텝 3 지도 그리기 139

강자의 비결 사례 3. 다각화 전략 후지필름의 전략 142

제2부
직원이 실행하는 '전술'

STEP 4.	전술 검토 – 잘게 쪼개서 전술을 검토하라

낭보와 속보 152

주체성의 비결은 '질문' 155

전술 프레임 5요소 165

직원이 낸 전술 반려하기 170

직원이 낸 전술 승인하기 174

스텝 4 지도 그리기 183

강자의 비결 사례 4. 전략과 조직 매니지먼트 '태양' 매니지먼트를 선택한 IT업계의 거인 186

STEP 5.	목표 구체화 – 적극적으로 뛰어들 수 있는 행동 목표를 세워라

리더와 직원의 간극 198

개념적인 것에서 구체적인 것으로 202

구체적인 목표로 그리는 구체적 전술 210

스텝 5 지도 그리기 219

강자의 비결 사례 5. KPI로 판단하기 왜 데아고스티니는 499엔짜리 상품을 TV 광고하는가 221

STEP 6.

가치 전달 –
눈길을 사로잡아 밀어붙여라

효과가 즉각적인 카피라이팅 232
가치 전달 1. 카피 전략 236
가치 전달 2. 눈길을 사로잡는 헤드 카피 241
가치 전달 3. 읽는 순서와 쓰는 순서 246
스텝 6 지도 그리기 250
강자의 비결 사례 6. 마법의 프레임 어느 보따리장수의 기막힌 세일즈
토크 비밀 253

제3부

전략과 전술의 수레바퀴

한 장의 미래 지도를 완벽 해설하다 262
강자의 비결 파이널. 전략과 전술 사이버에이전트의 '한 장의 미래 지도' 271

에필로그

2021년이 2050년에게

2021년 12월 1일 수요일 @야시로의 오두막 280
2050년 12월 1일 목요일 @메트로폴리스 도쿄 290

나가며
현자의 경영학과 강자의 비즈니스 293

2050년이 2020년에게

등장인물

- 도도 아쓰로(2050년): 도도그룹 회장(70세)
- 도도 아쓰로(2020년): 비디오 대여점 사장(39세)
- 야시로: 오두막집에 사는 경영학자(52세)

♦ 책에 나오는 이야기는 창작물로, 등장인물은 허구의 인물이다.

2050년 12월 1일 목요일
@메트로폴리스 도쿄

　도쿄돔이 철거된 자리에 세계 최초로 초고층 엔터테인먼트 타워 '더 엔터테인먼트 도쿄'가 완공된 지 벌써 1년. 지상 1,000미터 6층 규모의 엔터테인먼트 시설로만 이루어진 초고층 타워는 아시아를 대표하는 새로운 명소로 자리 잡았고, 세계 각지에서 관광객을 끌어들이고 있다.

　21세기 최대 프로젝트라 일컫는 일본해 터널의 개통으로 일본 열도와 한국, 중국, 러시아 등의 대륙이 이어지자, 단숨에 일본의 인구 감소를 보충하고도 남을 만큼 인구 이동이 다양하고 활발해졌다. '아시아 속의 일본'이라는 새로운 틀 안에서 일본은 IR＊ 선진국으로서 목소리를 드높이며 다시금 고도 경제 성장의 흐름에 올라탔다.

　일본, 그중에서도 특히 메트로폴리스 도쿄는 전 세계의 뜨거운 감자였다. '더 엔터테인먼트 도쿄'를 비롯한 IR 선진국으로서의 성장도 그랬지만, 미쉐린으로부터 최고의 도시라는 평가를 받았다는 이유도 컸다. 평가 대상을 '레스토랑'에서 '엔터테인먼트 도시'까지 확대한 미쉐린은 '즐기기 위해 여행을 떠날 가치가 있는, 안전과 오락을 겸비한 탁월한 도시'로서 세계 최초로 메트로폴리스 도쿄에 별 3개를 주었다.

더 엔터테인먼트 도쿄 바로 아래, 지하 200미터 깊이에 방사형으로 펼쳐지는 3,000만 평 규모의 광활한 부지에는 쇼핑몰, 카지노, 놀이공원, 온천 등의 복합 시설이 들어와 있고, 최신 로봇형 무인 이동 수단이 24시간 끊임없이 관광객을 나르고 있었다.

지상 1,000미터 높이의 더 엔터테인먼트 도쿄는 1층 수영장, 2층 스모 및 격투기장, 3층 축구장 겸 럭비 경기장, 4층 육상 경기장, 5층 야구장 순으로 쌓아 올렸고, 타워의 꼭대기인 6층에는 콘서트홀을 설치했다. 지상에서 하늘에 닿을 듯 우뚝 솟은 모양새는 멀리서 보면 마치 커다란 햄버거 6개를 수직으로 쌓은 모습으로 이색적인 매력을 뽐냈다.

1층에서 6층 콘서트홀까지 연결하는 직통 엘리베이터를

❖　IR은 Integrated Resort의 머릿글자를 딴 것으로 복합 리조트를 의미한다. 2016년 12월에 IR추진법을 제정, 2017년 4월에는 국토교통성관광청이 '관광입국추진기본계획' 개정판을 발표했다.

타면 800미터 높이에 자리한 6층까지 불과 30초면 도착했다. 엘리베이터를 타고 콘서트홀이 있는 층에 내리면 정면에 로비가 있고, 왼편으로는 5만 명을 수용할 수 있는 대규모 홀, 오른편으로는 5,000명을 수용할 수 있는 소규모 홀이 있는 구조다. 두 홀을 양옆에 둔 대형 유리창 너머로는 도쿄는 물론, 멀게는 간토평야까지 한눈에 내려다볼 수 있는 야경이 파노라마처럼 펼쳐진다.

오늘 밤은 소규모 홀만 열렸지만, 열린 문으로 대규모 홀에 버금가는 열기가 로비까지 전해졌다. 홀은 3층까지 청중들로 빽빽하게 차 있었고, 여타 콘서트와 마찬가지로 청중은 기대와 흥분에 차서 시작을 기다리고 있었다.

하지만 오늘 밤에 열릴 이벤트는 콘서트와는 다른 점이 하나 있었다. 청중 대부분이 메모할 준비를 하고 있다는 점이었다. 비즈니스 강연이기 때문이다. 이 비즈니스 강연의 제목은 '나를 바꾼 한 장의 지도'. 강연의 주인공은 도도그룹 회장인 도도 아쓰로였다.

이날 도도 회장은 마침 70세 생일을 맞이했다. 콘서트처럼 화려한 연출은 찾아볼 수 없는 비즈니스 강연이지만 만석이 된 데는 몇 가지 이유가 있었다. 우선 도도 회장 본인이 일본을, 아니 아시아를 대표하는 경영자로서 널리 알려져 있다는 점을 들 수 있다. 특히 연매출 5,000만 엔(5억 원)이 채 되지 않는 파산 직전의 매장을 30년에 걸쳐 연매출 5조 엔(50조

원)이 넘는 기업으로 발전시키면서 펼치는 전략마다 모두 적중시킨 '거침없는 리더'로 유명했다.

도도 회장은 지난 한 달간 〈니혼게이자이 신문〉의 인기 칼럼 '나의 이력서'에 등장했다. 조간 마지막 면의 저명인사가 자신의 반평생을 이야기하는 이 칼럼에서 그는 "한 장의 미래 지도가 나의 인생을 바꿨다"라고 밝혔고, 그 미스터리한 문장 하나가 반향을 일으켜 전 국민의 관심을 끌었다. 이번 강연에서 '한 장의 미래 지도'의 전모가 밝혀질 것이라는 기대감에 티켓에 프리미엄이 붙을 것이라는 소문도 돌았다. 그런데 도도 회장이 강연료는 일절 받지 않겠다고 하면서 추첨제가 되었고, 세간의 관심은 더욱 높아졌다. 높은 경쟁률 속에서 행운을 거머쥔 당첨자들은 강연이 시작되기도 전부터 흥분을 감추지 못했다.

완벽하게 사람의 형태를 갖춘 2050년식 여성형 안드로이드의 유창한 소개와 함께 우레와 같은 박수 속에서 도도 회장이 무대에 등장했다. 품위 있는 짙은 갈색 양복을 입고 꼿꼿하게 선 모습에서 위엄이 느껴졌다. 은색 머리칼은 단정히 정돈되어 있었으며, 다부진 턱에 자라난 풍성한 흰 수염이 헤밍웨이를 연상시켰다.

도도 회장은 청중을 향해 부드러운 미소를 지으며 깊이, 그리고 길게 인사했다.

"여러분, 안녕하십니까."

청중은 마치 일본어로 된 '안녕하십니까'를 지우려는 듯 도도 회장을 향해 동시에 다양한 언어로 인사를 건넸다. 만석이 된 객석의 30퍼센트는 일본인, 70퍼센트는 세계 각국에서 찾아온 사람들이었다. 도도 회장의 발언은 마이크에 내장된 최신 AI 번역기를 통해 20개 언어로 동시통역되었고, 0.1초의 시차도 없이 이어폰을 통해 설정된 언어로 전달되었다.

"여러분, 오늘 밤 이렇게 찾아와 주셔서 감사합니다. 사실 오늘이 저의 70번째 생일이라 이렇게 많은 분과 시간을 공유할 수 있어 더욱 기쁩니다."

자연스레 객석에서 따뜻한 박수가 터져 나왔다.

"자, 여러분이 오늘 이곳을 찾은 이유는 둘 중에 어느 것입니까? 강연 티켓이 공짜여서일까요?"

갑작스러운 농담에 객석이 후끈 달아올랐다. 그는 객석의 떠들썩함이 가라앉기를 기다리고는 말을 이었다.

"그게 아니라면, 오늘의 목표는 '한 장의 미래 지도'입니까?"

이번에는 청중들이 고개를 끄덕이기도, 손을 들기도, 박수를 치기도 했다.

"잘 알겠습니다. 한 장의 미래 지도는 얼마 전 연재한 칼럼에서 운만 띄웠을 뿐 자세한 내용은 밝히지 않았죠. 언젠가 소상히 이야기해보겠다고 생각은 하고 있었습니다. 이제부터 시작되는 한 시간 반가량의 강연에 즐겁게 함께해주시기를 바랍니다."

한층 커진 박수 소리가 청중의 기대감을 드러냈다. 도도 회장은 각오를 다지듯 크게 심호흡했다.

"지금도 한 장의 미래 지도를 만난 날이 눈에 선합니다. 신기하게도 지금으로부터 딱 30년 전, 2020년 11월 30일입니다. 일본이 완만한 정체기에 빠져드는 초창기였던 것 같습니다. 아니, 솔직히 말하면 그날 일본의 사정이 어땠는지를 생각할 여유 같은 것은 없었습니다. 제가 안고 있는 일만으로도 머리가 복잡했으니까요. 당시 서른아홉이던 저는 끝이 없는 터널에 갇힌 것처럼 고통스러웠습니다. 생각은 계속 안 좋은 방향으로 흘러갔고, 30년 전 그날 저는 죽기로 마음먹었습니다."

성공한 인물의 표본이었던 도도 회장의 강연이 생각지도 못한 방향으로 나아가자 객석이 술렁였다. 도도 회장은 잠시 허공을 응시하다 30년 전 그날의 기억으로 달려 나갔다.

2020년 11월 30일 월요일
@도쿄 교외

　올해는 초겨울 찬바람이 예년보다 거셌다. 기분 탓인지 거리에 쓸쓸함이 휘몰아치는 듯했다. 태양의 코로나와 닮았다는 이유로 '코로나'라는 이름이 붙은 바이러스로 인해 벌어진 소동의 영향은 컸다. 올 상반기에 시작된 코로나 쇼크에 대한 과열된 보도가 경제활동을 급격하게 위축시켰고, 본격적인 경기 후퇴가 속도를 내고 있었다. 도도는 마흔 살 생일을 하루 앞둔 이날 절망의 늪에서 허우적대고 있었다.

　도심에서 약 1시간 떨어진 곳. 도도는 도쿄 교외의 베드타운에서 비디오 대여점 '다쓰야'를 운영한 지 20년 차를 맞이했다. 대학생이던 2000년부터 사업을 시작해 가장 수익이 높았던 때의 연매출은 1억 엔. 매장을 3개까지 늘렸고, 직원과 아르바이트생 10명을 고용했다. 하지만 다쓰야의 매출은 해가 갈수록 감소했고, 창업한 지 20년이 된 2020년에는 최고 매출의 절반 밑으로 떨어졌다. 매장을 3개에서 1개로, 직원도 10명에서 5명으로 줄였으나 적자를 면치 못했고, 자금 조달 때문에 매일같이 머리를 쥐어뜯었다.

10월 초중반부터 긴급 대출을 타진하러 지역 금융기관 세 곳을 바삐 돌아다녔지만 벌써 두 곳에서 불가하다는 연락을 받은 상황이었다. 남은 한 곳은 11월 30일인 오늘까지 연락을 주겠노라 말했지만 전화기는 조용했다. 은행 대출도 전부 거절당하고, 회사 계좌는 바닥을 드러내기 일보 직전이었다. 이 말인즉 한 달 뒤인 연말이면 회사가 부도날 거란 뜻이었다. 사업을 응원해주고 궁지에 몰릴 때마다 격려해주던 부모님은 몇 해 전 돌아가셨다. 이제 도도에게는 기댈 가족이 없었다.

"사장으로서 내가 할 수 있는 일은 이제 이것밖에 없군…."

다짐이라도 하듯 중얼거리고는 차에 있는 쇼핑백 속의 거친 감촉을 확인했다. 쇼핑백 속에는 목을 매려고 준비한 밧줄이 들어 있었다. 도도에게 남은 해결책이라고는 직원들에게 본인의 목숨과 맞바꾼 보험금을 건네는 것뿐이었다.

도도가 매장을 낸 교외 베드타운에는 역에서 좀 떨어진 곳에 울창한 숲이 있었다. 그 누구에게도 폐를 끼치지 않고 목숨을 끊을 장소. 도도는 자신의 마지막 장소로 음울한 숲을 택했다. 알고 지내던 변호사 앞으로 보험금 배분을 상세히 기록한 유서를 차에 남기고, 어두운 숲속으로 발걸음을 내디뎠다.

땅거미가 내리는 초겨울, 찬바람에 수풀이 수런거렸다. 하늘을 가로지르는 까마귀 소리에 소름이 돋았다. 하지만 이미 결심을 굳혔기에 두렵지는 않았다. 발아래로 바스락거리는 낙엽을 느끼며 나무 사이를 걸어가다 얼마 지나지 않아 굵다란 기둥에 두텁게 가지를 뻗은 나무를 발견했다.

"이곳이 나의 마지막인가."

그렇게 중얼거린 도도는 밧줄을 동여매고 세상을 등질 준비를 했다. 공들여 밧줄로 원을 만들어 목에 걸려고 하던 그때였다. 멀리서 불빛이 어른거렸다. 누군가 손전등을 비추는 모양새였다. 크게 외치는 소리가 났다. 가만히 들어보니 도움을 요청하는 소리 같았다.

"저기요, 거기 누구 없어요! 살려주세요!"

도도는 밧줄을 매단 나무에서 일단 물러나 목소리가 나는 쪽으로 다가갔다.

목소리의 주인공은 손전등 불빛에 닿은 도도의 얼굴을 확인하자마자 "하아, 살았다!" 하며 그 자리에 주저앉았다. 불빛의 주인공은 50대로 보이는 남성이었다. 복장은 가벼운 하이킹 차림이었으나 너저분했다.

"병원으로 모실 테니 제 차로 갑시다"라고 말한 뒤, 도도는 남자의 어깨를 단단히 부여잡았다. 남자는 다소 쇠약해 보였으나 보행에는 문제가 없었고, 목소리를 쥐어짜더니 물만 찾아댔다.

도도는 남자를 부축해 차를 세워둔 산길로 걸어갔다. 차에 도착한 도도는 마시다 만 차가 담긴 페트병을 내밀었고, 남자는 단숨에 들이켰다. 페트병을 다 비운 남자는 서서히 생기를 찾았다. 그리고 땅이 꺼질 듯 한숨을 쉬더니 심지 있는 목소리로 말문을 열었다.

"정말 정말 감사합니다. 이제 정신이 드는군요. 실은 버섯을 따다 길을 잃었어요. 이틀 동안 먹지도 마시지도 못했답니다. 어둠 속에서 당신을 발견하니 살았구나 싶어 긴장이 풀려 주저앉아버렸나 봐요."

도도는 이 남자와의 만남이 자살을 포기하게 했을 뿐 아니라 남은 인생을 완전히 뒤바꿀 것이라고는 상상도 하지 못했다. 남자는 자신을 '야시로'라고 소개했다. 무슨 한자를 쓰는지는 모르겠지만, 인근 현의 깊은 산중 오두막집에서 외따로 산다고 했다. 남자는 기운을 차리더니 온몸에서 강한 에너지를 뿜어냈다. 남자는 겸손한 자세를 유지하면서도 강한 어조로 부탁했다.

"우리 집이 여기서 산 하나만 넘어가면 나옵니다. 면목 없지만 거기까지 데려다줄 수 있을까요? 물론 작게나마 보답은 꼭 하겠습니다."

목숨을 끊으려고 했던 도도에게 다음 일정이 있을 리 만무했다. 도와주는 김에 자동차로 그를 집까지 데려다주기로 했다. 하늘에서 빗방울이 떨어지기 시작하더니 이윽고 진눈깨비로 변했고, 차 앞유리를 툭툭 내리쳤다. 야시로가 사는 곳은 도도가 찾은 숲에서 차로 한 시간가량 더 들어간 곳이었다. 굴뚝이 달린 비교적 큰 오두막이 야시로의 거처였다. 안으로 들어가니 오두막은 물론 탁자부터 가구까지 모두 나무로 만들어서인지 기분 좋은 목재 향이 났다.

"지금 불을 붙일 테니 앉아 계세요."

그러고는 장작 난로에 불을 지폈다. 완전히 마른 장작이었는지 기세 좋게 불길이 일더니 싸늘했던 산속 오두막에 서서히 온기가 느껴졌다. 도도는 주변을 둘러보다 벽면을 가득 채우고 천장까지 깔끔하게 늘어선 엄청난 양의 책에 깜짝 놀랐다. 사회과학, 자연과학, 인문학을 비롯한 전문서부터 최신 베스트셀러까지 작은 도서관을 능가할 만한 장서였다. 특히 제목에 '마케팅', '이노베이션', '전략론', '매니지먼트', '리더십'이라는 단어가 붙은 책이 많았다.

야시로는 장작 난로에 손을 쬐면서 도도에게 자신의 이야기를 들려주기 시작했다. 지금 나이는 52세로, 독신이며 혼자 살고 있다는 것, 젊은 시절에는 미국의 경영대학원에서 교수로 지내며 매일 연구에 매진했고, 그 연구 성과를 일본에 가지고 들어와 이어서 계속 연구하고 있다는 것, 이 나라에 강한 경영자를 한 사람이라도 더 많이 키우고 싶다는 소망 등 평소 산속 생활에서 대화 상대가 없었는지 야시로는 멈추지 않고 이야기를 이어나갔다.

"그래, 도도 씨, 여기로 오는 차 안에서 사업을 하신다고 말씀하셨죠. 장사는 잘되나요?"

도도는 순간 아무 말도 하지 못했다. 아니, 처음 만난 남자에게 약점을 보여도 좋을지 망설여졌다. 사장은 고독하다, 고민은 나 혼자 끌어안고 다른 사람에게 말해선 안 된다, 그런 생각이 도도를 지배하고 있었다. 그러나 장작 난로의 평온한 온기와 야시로의 온화한 미소에 마음이 열리고 있었다.

"장사… 솔직히 앞이 깜깜합니다. 어떻게 해야 좋을지 모르겠네요. 아까 산속에서 만났죠. 사실… 사업이 너무 힘들어서 목을 매려고 했습니다. 야시로 씨는 제가 구해줬다고 하셨지만 오히려 야시로 씨가 절 구하신 거예요."

목숨을 부지했다는 안도감, 그리고 목숨을 끊지 못했다는 한심함이 뒤엉켜 움켜쥔 주먹으로 눈물이 뚝뚝 떨어졌다. 탁탁 튀는 장작 소리와 도도의 조용한 오열만이 오두막에 울려 퍼졌다.

잠자코 있던 야시로가 나직이 정적을 깼다.

"아, 그래요. 아까 제가 보답해드린다고 했죠. 사례는 어느 정도가 적당할까요? 여기까지 데려다주신 차비로 1만 엔, 목숨을 구해드린 값까지 합하면 5만 엔 정도 어떨까요?"

눈물이 흘러내려 도도는 아직 얼굴을 들지 못했다.

"목숨을 구해주셨으니 적어도 10만 엔 정도는 사례해야겠으나, 공교롭게도 가지고 있는 게 많지 않아서….'

얼굴을 긁적이며 쓴웃음을 짓는 야시로에게 도도가 손을 내저으며 만류했다.

"아니에요, 보답 같은 건 됐어요. 목숨을 구한 건 저니까요."

"아니, 그러면 제 마음이 편치 않아요. 만약 제가 있는 돈을 다 털어 10만 엔을 드린다고 해도 도도 씨의 장사에 보탬이 되진 않겠죠? 그렇다면 더 도움이 될 만한 큰 보답을 하게 해 주세요. 가져올 게 있으니 잠시만 기다려보세요."

그 말을 남기고 야시로는 무언가를 가지러 갔다.

눈물을 훔치며 도도는 생각했다. '더 큰 보답이라니 뭘까? 설마 금괴? 그래도 그걸 돈으로 바꾸면 자금 융통에는 도움이 되겠지?'

도도는 사례로 준다는 현금을 고사하고선 혼자 불순한 망상을 하고 있었다. 오두막 안쪽에서 "으챠" 하는 구호와 함께 도도의 기대대로 야시로가 무거워 보이는 무언가를 들고 왔다. 그런데 그 무거워 보이는 물건은 금괴가 아니라 두꺼운 한 무더기의 책이었다. 게다가 쌓아 올리니 높이가 1미터에 육박했다. 김빠지는 도도의 표정을 알아챈 야시로가 황급히 변명했다.

"아, 이건 덤으로 드리는 거니 시간 있을 때 읽어보세요. 이제 진짜 선물입니다."

드디어 들어 올리기 힘들 정도의 금괴일까 하는 도도의 망상을 깨고 야시로가 들고 온 것은 맥빠질 정도로 얇고 가벼워 보이는 물건이었다.

"자, 이걸 드리겠습니다. 지금 도도 씨에게 가장 도움이 될 '한 장의 미래 지도'입니다."

야시로는 두 번 접혀 있던 종이를 탁자에 펼쳤다. '지도'라고는 하는데 종이에는 일본 열도도 지형도도 보이지 않았다. 그 대신 6개의 칸만 그려져 있었다. 어리둥절해하는 도도를 향해 야시로가 설명했다.

"이건 리더가 방황하지 않게 해주는 지도예요. 경영학에 대한 제 오랜 연구의 성과라고도 할 수 있죠. 여기에 놓인 두꺼운 책은 전부 경영학의 명저 중 명저이고요. 드릴 테니 꼭 읽어보시면 좋을 텐데, 보시다시피 두꺼워서 아무래도 독파하기까지는 시간이 걸릴 겁니다. 그걸 한 장에 집약한 것이 바로 이 지도입니다."

"아, 그럼 감사히 받겠습니다."

도도는 마음에도 없는 대답을 하면서 지도보다도 절대 읽지 않을 것 같은 한 무더기의 책을 곁눈질하며 생각했다. '헌책방에 들고 가면 어느 정도는 값을 쳐주려나?'

도도의 속마음을 전혀 눈치채지 못한 야시로가 말을 이어갔다.

"지도의 기능을 아십니까?"

도도는 잠시 생각한 후 대답했다.

"전체를 한눈에 볼 수 있다?"

"하하하, 그것도 정답이죠. 그런데 지도의 기능은 다른 데 있어요. 하나는 현 위치를 아는 것, 이건 프롬From이겠죠. 그리고 미래의 목적지를 그리는 것, 이건 골Goal입니다. 이 둘을 이어주는 길이 과정, 즉 로드맵Road Map입니다."

도도를 마주 보는 야시로의 표정이 갑자기 진지해진다.

"도도 씨, 당신에게 지도를 선물하는 이유를 이야기해줄게요. 당신에게 부족한 것은 일단 현재의 사업이 어떤 상태인지, 무엇이 과제인지를 아는 '**현 위치 파악**'. 그리고 이렇게 되고 싶다, 미래상에 해당하는 '**목적지 파악**'. 그다음 이 둘을 연결하기 위한 '**전략**'. 이 셋을 알지 못하고, 보이지도 않아서 방황하고 있는 것 아닙니까? 그런 사람에게 필요한 것이 한 장의 미래 지도입니다."

도도는 머리를 한 대 턱 얻어맞은 듯한 충격을 받았다. 야시로에게 사업에 대한 고민은 일언반구도 하지 않았다. 그런데 지금 자신에게 모자란 3가지를 거침없이 지적한 것이다.

'이 지도가 있으면 아직 뭔가 할 수 있을지도 몰라.'

도도는 직감적으로 야시로의 제자가 되기로 결심했다. 도도는 전기에 감전된 듯 의자에서 벌떡 일어나 야시로 앞에 넙죽 엎드렸다.

"야시로 씨, 아니 야시로 선생님! 부탁드립니다! 그 지도를 그리는 방법을 제게 알려주십시오. 무엇이든 하겠습니다. 부탁드립니다!"

목숨을 끊으려 했던 도도에게는 이제 부끄러움이나 체면 따위는 없었다. 지푸라기라도 잡고 싶은 심정으로 간청했다. 이번에는 야시로가 당황해서 바닥에 무릎을 꿇었다.

"도도 씨, 고개를 드세요. 도와주신 보답으로 물론 알려드릴 거예요. 하지만 그전에 따뜻한 스튜 한술 뜨지 않으시겠어요? 스튜를 데우는 동안 샤워하고 올게요. 난로를 지필 장작은 충분하답니다. 몸 좀 녹이고 천천히 시작해보죠."

야시로는 냉장고에서 꺼낸 스튜 냄비를 장작 난로 위에 올리고, 흡족한 듯 호쾌하게 허허허 하고 웃더니 콧노래를 부르며 욕실로 사라졌다. 남겨진 도도는 탁자에 놓인 지도를 손에 들고 요리조리 한참을 살폈다.

이것이 도도의 인생을 뒤바꾼 '한 장의 미래 지도'와의 첫 만남이었다.

한 장의 미래 지도를
공개합니다

강연장의 강한 조명이 단상의 도도를 계속 비추고 있었다. 송골송골 땀이 맺힌 이마를 손수건으로 닦으며 도도는 잠시 숨을 골랐다.

"30년 전 이야기에 함께해주셔서 감사합니다. 여기까지가 제가 '한 장의 미래 지도'를 만난 사연입니다."

그 사연은 불과 5분도 채 되지 않았지만, 청중은 긴 이야기 속으로 빨려 들어가 흡사 그 현장에 있는 것만 같았다. 도도의 성공담은 비즈니스 매체에 자주 등장해 이미 널리 알려져 있었다. 하지만 목숨을 끊을 생각까지 했던 그의 좌절과 현재의 성공으로 이어지게 해준 한 장의 미래 지도와의 만남은 어떤 매체에서도 다뤄진 적 없는, 처음 듣는 이야기였다. 그 때문인지 강연장은 물을 끼얹은 듯 고요했다.

도도는 정적을 참지 못하고 멋쩍음을 감추려는 듯 짧게 헛기침을 했다.

"그럼 여러분에게 그 한 장의 미래 지도를 보여드리죠."

도도는 곧장 양복 안주머니에서 갈색빛으로 바랜 종이 한 장을 꺼냈다. 작게 바스락거리며 종이를 펼치는 소리가 스탠드 마이크를 통해 강연장 안에 널리 울려 퍼졌다.

"30년 전부터 갖고 있던 종이를 벌써 몇 번이나 접었다 폈다 했더니 부끄럽지만 너덜너덜하네요. 보세요, 이런 부분은 테이프를 붙여놨죠. 아, 3층에 계신 분들은 안 보이려나요. 하하하, 실례했습니다. 대형 스크린에 거의 똑같은 지도를 띄울 테니 이쪽을 보시죠."

단상 뒤를 가득 채운 대형 스크린에 한 장의 미래 지도가 펼쳐졌다.

"이것이 바로 방황하는 리더가 꼭 갖고 있어야 할 한 장의 미래 지도입니다. 30년 전 제가 스승님께 받은 오리지널판은 조금 더 자세한데, 그것을 축약한 요약판을 지금 이곳에서 최초로 공개합니다."

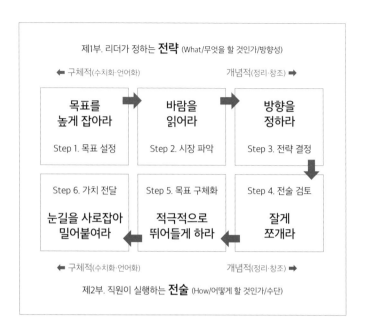

제1부. 리더가 정하는 **전략** (What/무엇을 할 것인가/방향성)

⬅ 구체적(수치화·언어화) 개념적(정리·창조) ➡

목표를 높게 잡아라	바람을 읽어라	방향을 정하라
Step 1. 목표 설정	Step 2. 시장 파악	Step 3. 전략 결정

Step 6. 가치 전달	Step 5. 목표 구체화	Step 4. 전술 검토
눈길을 사로잡아 밀어붙여라	적극적으로 뛰어들게 하라	잘게 쪼개라

⬅ 구체적(수치화·언어화) 개념적(정리·창조) ➡

제2부. 직원이 실행하는 **전술** (How/어떻게 할 것인가/수단)

"그럼 이제부터 세 부분으로 나눠 지도의 사용법과 포인트를 설명하겠습니다."

그렇게 말하고 도도는 오른손가락 3개를 들어 보였다.

포인트 1. 전략과 전술을 정확히 구분하라 (세로축)

"첫 번째 포인트는 세로축, '전략과 전술을 구분하라'입니다."

도도는 검지만 들어 하늘을 향했다.

"이 지도에서는 위쪽을 전략, 아래쪽을 전술로 나눕니다. 상단의 전략은 영어에서 What, 즉 '무엇을 할 것인가', 더 구체적으로 말하면 '방향성과 목적'을 정하는 것입니다. 이것이 전략이 되죠. 전략의 주어는 리더입니다. 방향성과 목적을 정하는 주체는 리더니까요."

이어서 하단 설명에 들어갔다.

"한편 하단의 전술은 How, 즉 '어떻게 할 것인가' 하는 '수단'을 말합니다. 이 부분은 직원이 주체가 되어 실행합니다. 주어는 직원이기에 이 부분에서 리더가 과하게 개입하면 안 됩니다. 그러면 직원의 사고력과 주체성을 빼앗게 됩니다. 또 전술에 비집고 들어가는 리더는 대체로 전략을 허술하게 짭니다. 자신의 구역을 벗어나 타인의 구역에서 서성대면 주객이 전도되기 때문이죠. 리더는 일을 맡기는 데 집중해야 합니다. 그것이 전술의 영역이니까요. '주어를 의식하라'라고 강조하는 이유는 전략과 전술을 혼동하는 리더가 너무 많기 때문입니다."

도도는 청중이 필기를 마칠 때까지 시간을 주었다.

"그리고 생각하는 순서는 '전략' 다음에 '전술'입니다. 이 지도는 스텝 1부터 스텝 6까지 '상단의 전략 → 하단의 전술' 순으로 이어집니다. 이 순서를 따라 생각하면 좋습니다. 해외여행을 떠날 때 어느 나라로 갈지 정하지 않고 공항에 가는 일은 없을 겁니다. 일단 목적지를 정하고 여권을 준비하면서 정보를 수집하겠죠. 그 후에 이동 수단을 확보할 것입니다. 말하자면 전략 → 전술의 순서입니다. 그런데 비즈니스 현장을 떠올려보십시오. 목적(전략)을 잃고 수단(전술)에 급급하는 경우가 너무 많지 않은가요? 원인은 전략 → 전술의 순서를 따르지 않았기 때문입니다. 그래서는 아무리 가도 목적지에 다다를 수 없습니다. 상단은 리더의 영역, 하단은 직원의 영역이라는 것을 명심하기 바랍니다. 오늘 밤의 강연은 크게 두 파트로 나눠 이야기하겠습니다. 1부의 전략 편을 시작으로 2부의 전술 편으로 이어집니다. 둘로 나눈 이유는 양자가 비슷해 보이지만 전혀 다른 개념이기 때문입니다."

포인트 2. 왔다갔다 사고법 (가로축)

"두 번째 포인트는 가로축의 '왔다갔다 사고법'입니다."

도도는 검지에 중지를 더해 두 손가락을 들어 올렸다.

"사고를 '구체적' → '개념적' 그리고 또다시 → '구체적'으로 생각해나갑니다. 지도를 보면 좌측 상단의 '구체적' 목표 설정에서 시작하는데, 오른쪽으로 '개념적' 전략 → 전술을 다시 좌측 하단으로 돌아와 '구체적'으로 수치화·언어화해 나갑니다. 구체적 사고는 개념이 분명해서 설명하기는 편하지만 사고가 경직되기 쉬운 단점이 있습니다. 반면 개념적 사고는 발상이 유연해지지만 모호한 부분이 있어 제대로 설명해내지 못한다는 단점이 있죠. 양자를 왔다갔다하면 사고의 깊이가 깊어집니다."

포인트 3. 전략에서 전술로 이어지는 6스텝

마지막으로 도도는 세 손가락을 모두 들어 올렸다.

"세 번째는 드디어 '전략에서 전술로 이어지는 6스텝'의 설명입니다. 이 6스텝을 이해하면 여러분도 한 장의 지도에 자신만의 미래를 그릴 수 있습니다. 각 스텝을 짧게 요약해보겠습니다.

Step 1, '목표를 높게 잡아라'의 목표 설정.

Step 2, '바람을 읽어라'의 시장 파악.

Step 3, '방향을 정하라'의 전략 결정.

여기까지는 상단의 전략이므로 리더가 정합니다. 그리고 하단의 전술은 직원이 중심이 되어 구상하고 실행합니다.

Step 4, '잘게 쪼개라'의 전술 검토.

Step 5, '적극적으로 뛰어들게 하라'의 목표 구체화.

Step 6, '눈길을 사로잡아 밀어붙여라'의 가치 전달입니다."

청중에게 미리 배포된 안내지에는 지금까지 도도가 이야기한 내용이 한 장에 적혀 있었다.

관점	주어	스텝	사고법	내용
전략	리더	Step 1. 목표 설정	구체적	목표를 높게 잡아라
		Step 2. 시장 파악	구체적 → 개념적	바람을 읽어라
		Step 3. 전략 결정	개념적	방향을 정하라
휴식 시간				
전술	직원	Step 4. 전술 검토	개념적	잘게 쪼개라
		Step 5. 목표 구체화	개념적 → 구체적	적극적으로 뛰어들게 하라
		Step 6. 가치 전달	구체적	눈길을 사로잡아 밀어붙여라

　개념을 한번 쭉 훑은 도도는 옆에 내려둔 물컵에 손을 뻗어 목을 축였다. 그리고 심호흡을 한 뒤 객석을 천천히 둘러본 후 쩌렁쩌렁한 목소리로 외쳤다.

　"자, 준비되셨나요? 한 장의 미래 지도의 스텝 1부터 함께 시작해봅시다!"

　도도의 신호탄에 청중은 펜을 더 힘껏 쥐었다.

"30년 전,
딱 한 장의 지도가
내 인생을 송두리째 바꾸어주었습니다!"

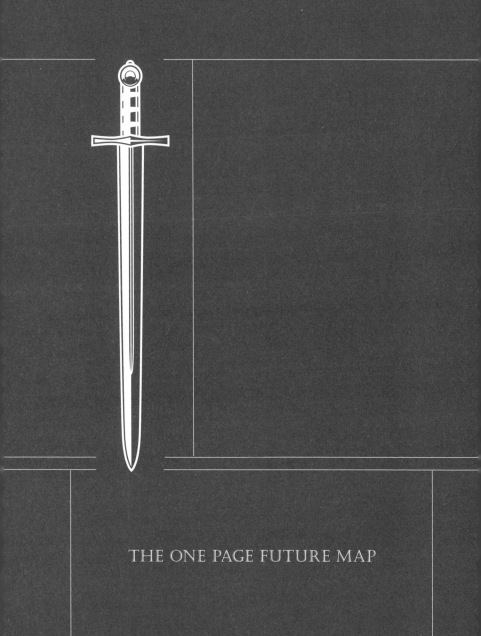

THE ONE PAGE FUTURE MAP

제1부

리더가 세우는
'전략'

STEP 1. 목표 설정

'0'을 덧붙여 목표를 높게 잡아라

리더의 지도는
단 '한 장'이면 충분하다

오두막 창문으로 밖을 내다보니 눈송이가 조용히 춤추기 시작했다. 멀리서는 샤워 소리가 들렸다. 도도는 난로 위에 놓인 스튜를 태우지 않도록 세심하게 주의를 기울이면서 냄비를 휘저었다.

조금 기다리니 목욕 수건으로 부스스한 머리를 말리면서 야시로가 나타났다. 덥수룩한 수염을 깔끔하게 정리하고, 막 세안하고 난 산뜻한 표정은 다부진 느낌을 더해 실제 나이보다 어리게 보였다. 탁자에 앉자마자 야시로는 일단 '한 장의 미래 지도'를 옆에 제쳐두고, 난로에서 데운 스튜를 접시에 담아 도도에게 건넸다.

"와, 맛있어요! 이렇게 맛있는 스튜는 처음이에요."

"사슴고기 스튜예요. 사슴고기는 감칠맛이 있으면서 부드러워요. 레드와인을 넣어 이 더치오븐에서 한나절 정도 푹 곤 거예요."

그 일품 스튜를 먹으면서 도도가 질문을 던졌다.

"야시로 선생님, 저에게 가장 필요한 것이 한 장의 미래 지도라고 하셨는데, 왜죠?"

"당신이 방황하는 리더니까요. 리더는 방황할 수 있는 위치에 있지만 절대로 방황해선 안 됩니다. 왠지 아시나요?"

끄덕이지 않는 도도를 바라보며 야시로가 말을 이었다.

"리더에게는 결단을 내릴 책임이 있기 때문이죠. 리더의 방황은 그대로 직원에게 영향을 미치거든요. 그래서 지도가 필요하고요."

야시로는 다 먹은 스튜를 옆으로 치우고 한 장의 미래 지도를 탁자 중앙으로 옮기고는 지도의 양 끝을 집어 올렸다.

"그래서 이 부분이 가장 중요한 지점인데, 지도는 반드시 '한 장'이어야 한다네. 왜냐하면 한 장이 아니면 헤매게 되고, 즉각적으로 의사 결정을 할 수 없으니까."

그러고 보니 야시로는 어느새 학생을 가르치는 선생님의 말투를 쓰고 있었다. 도도는 스승과 제자 관계가 된 것 같아 기분이 좋았다.

"도도 군, 이렇게 불러도 될까? 한 장에 담는 것. 이것이 실제로는 아주 어려운 작업이네. 그러니 일단은 지도 사용법부터 알아보자고."

도도는 마침 다 먹은 스튜 그릇을 옆으로 치우면서 "야시로 선생님, 자, 잠시만요!" 하고는 바깥에 세워둔 차에 메모지와 펜을 가지러 갔다. 차 안을 살피면서 도도는 앞으로 무언가 엄청난 일이 시작될 것임을 직감했다. 아늑한 오두막에서 뜨끈한 스튜까지 해치운 도도는 살짝 땀이 났는데, 바깥은 눈이 쌓이기 시작하더니 뼛속까지 냉기가 파고들었다.

"야시로 선생님, 기다리셨죠. 필기도구를 가져왔습니다."

돌아오니 야시로도 A3 크기 노트에 두꺼운 연필을 쥐고 수업 준비를 하고 있었다. 구렁텅이에 빠져 있던 도도의 인생을 바꿀 열정 수업이 이제 막 문을 열려고 하고 있었다.

"좋아. 그럼 시작해보지."

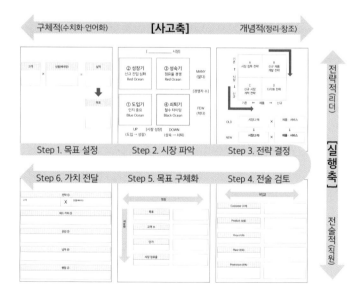

야시로는 미소를 지으며 지도를 도도 쪽으로 돌린 뒤 설명을 시작했다.(상세 버전은 263쪽 참조)

"리더와 직원은 각자의 역할이 있네. 이 지도에서 세로축은 실행축으로, 상단은 리더, 하단은 직원의 몫이야. 리더는 새의 눈으로 전략을 세우고, 직원은 벌레의 눈으로 전술을 실행하는 것이 큰 차이지."

이야기는 군대의 리더론으로 흘러갔다. 전략이라는 것이 원래 군사용어에서 시작되었다는 이야기부터, 리더를 장교, 직원을 병사로 바꾸면 전장에서는 리더인 장교의 판단이 직원인 병사의 목숨을 좌지우지한다는 이야기까지 나아갔다. 도도는 야시로의 이해하기 쉬운 설명과 다양한 지식에 감탄하면서 쉴 새 없이 필기했다.

도도의 메모에는 이런 것이 적혀 있었다.

도도의 메모 리더와 직원의 역할(실행축)

- 리더와 직원은 역할이 다르다.
- 리더는 전략을 세운다.
- 직원은 전술을 실행한다.
- 군대에서는 리더가 장교, 직원은 병사.
- 병사의 목숨은 장교의 결단에 달려 있다.

도도는 질문했다.

"리더와 직원의 역할 차이는 잘 이해했습니다. 한 가지 궁금한 게 있는데, 리더가 모든 역할을 짊어지지 않아도 된다는 말씀인가요?"

"음, 아주 좋은 질문일세. 리더는 직원의 역할을 이해하고 배려할 필요가 있어. 하지만 직원에게 맡기고, 자신이 하지 않아도 될 역할도 있지. 리더가 하지 않아도 될 일, 이것을 결정하는 것도 중요해. 상단의 세 칸을 보면 리더는 '방향성'을 결정하는 것에 무게를 둬야 함을 알 수 있을 걸세."

야시로는 도도가 리더와 직원을 역할을 이해한 것으로 알고 가로축 설명으로 넘어갔다.

"이번에는 사고의 축이야. 생각하는 행위는 크게 2가지로 나눌 수 있지. '정확하게 구체적'으로 생각하기와 '두루뭉술하게 개념적'으로 생각하기. 어느 쪽이 더 중요하다는 문제가 아니라 생각하는 행위가 양쪽을 오간다는 말일세."

야시로가 그린 지도에는 6개의 칸이 있고 순서가 적혀 있었다. 좌측 상단에서 시작해 시계 방향으로 진행되다가 좌측 하단에서 끝이 났다. 도도는 이렇게 메모를 정리했고, 야시로는 그 메모를 칭찬했다.

도도의 메모 리더와 직원의 역할(사고축)

- 사고는 구체적인 것과 개념적인 것을 오간다.
- 총 6단계로 각각의 역할을 완수한다.

  Step 1. 리더의 목표 설정

  Step 2. 리더의 시장 파악

  Step 3. 리더의 전략 결정

  Step 4. 직원의 전술 검토

  Step 5. 직원의 목표 구체화

  Step 6. 직원의 가치 전달

"드디어 좌측 상단의 스텝 1 시작이네요."

도도가 한 장의 미래 지도를 손에 들고 서두르자 야시로가 저지했다.

"아니, 그전에 도도 군이 왜 방황했는지부터 검증해보자고. 급할수록 돌아가라고 하지 않았나."

메모를 칭찬받자마자 찬물을 뒤덮은 것 같은 느낌이 들었지만, 도도는 금세 마음을 다잡고 야시로를 바라보았다.

"네, 선생님, 잘 부탁드립니다!"

환경 변화와
전략의 관계

"도도 군, 실은 이런 깊은 산골에서 내가 생활할 수 있는 건 어느 정도 자급자족이 가능하기 때문이라네. 꽤 오래전에 수렵 면허를 딴 뒤로는 엽총으로 사냥감을 잡아 감사한 마음으로 취하고 있지. 아까 먹은 사슴고기 스튜도 그렇지만 내가 직접 만든 지비에 요리(사냥해서 잡은 고기gibier로 만든 요리. — 옮긴이)도 맛이 일품일세."

도도는 야시로의 지성과는 정반대의 거친 면모에 움찔대면서도 조심스레 물어보았다.

"대, 대단하시네요. 그런데 숲에서 빠르게 움직이는 사냥감을 잡는 게 어렵지는 않은가요?"

"그래, 바로 그거야. 혼을 쏙 빼놓지. 이 주변 일대의 지형을 숙지하고 있는 나도 힘드네. 그 점이 도도 군의 상황과 아주 비슷하고."

어리둥절한 도도를 아랑곳하지 않고 야시로가 말을 이어나
갔다.

"그럼 내가 한번 묻겠네. 도도 군, 자네는 비디오 대여점을
운영한 지 20년 차인 베테랑 경영자야. 그쪽 일은 빠삭하겠군.
그렇게 잘 아는데도 무엇을 망설인 거지? 왜 방황한 건가?"

'무엇을', '왜'라고 물었지만 도도는 대답할 말이 떠오르지
않았다. 무언의 시간에서 구해주려는 듯 야시로가 운을 뗐다.

"사냥이 어려운 이유는 '움직이는 목표물'을 향해 '총신을
겨누기' 때문이네. 이것을 회사 경영에 대입하면 '변화하는 환
경'에 '전략을 딱 맞추는' 것인데 어렵기 그지없지. 도도 군, 아
마 자네도 사업이 예전에는 잘되었을 걸세. 그런데 지금은 상
황이 다르지. '경험해본 적 없는 환경 변화'에 걸맞은 '적절한
전략'을 찾지 못하는 거지. 이게 방황하는 원인이고."

도도는 더 깊이 이해하기 위해 조금 더 설명을 부탁했다.

"사람은 일정 경험까지는 적절한 결단을 내릴 수 있지만,
그 경험을 초월하면 어떻게 결단을 내려야 할지 모르게 되지.
리더는 끊임없이 그런 상황에 직면하는 존재고. 그런데 방황
하면 안 되네. 이것을 나는 '리더의 딜레마'라고 부른다네. 도
도 군의 경우를 보세. 비디오 대여 시장을 둘러싼 환경이 크게
변화했어. 그런데 그에 걸맞은 새로운 전략을 짜내지 못했지.
아니, 더 정확히 말하면 환경이 변화한 것조차 깨닫지 못한 것

아닌가?"

　도도는 자신의 상황을 되짚어보기 시작했다. 동네의 경쟁 업체는 이길 자신이 있었고, 실제로 경쟁에서 이겼다. 다른 가게는 문을 닫았으며 우리 가게는 간신히 살아남았다. 작은 시행착오를 거치며 나만의 요령을 터득했다고 자부할 수 있었다. 이를테면 가게 전면에 DVD를 진열하는 방법, 신작을 손에 쥐게 하는 헤드 카피, 구작 대여율을 높이는 방법, 세심한 고객 데이터베이스 구축 등. 그렇게 이 길에서 20년 동안 노하우를 쌓아왔다.

　작년부터 확 줄어든 손님의 발길을 돌리기 위해 매출 총 이익률을 낮춰 할인 행사도 단행했다. 하지만 손님은 일시적으로 늘어났을 뿐 다시 발길이 뜸해졌다. 온갖 방법을 다 동원했다고 생각했는데 완전히 '새로운 전략'이 필요했던 것일까? 그것은 '환경' 자체가 변화했다는 뜻일까? '환경'이 변화했다면 무엇이 '새로운 전략'이었어야 할까? 자문자답을 이어가던 도도는 야시로의 목소리에 다시 정신이 번쩍 들었다.

　"도도 군, 깊이 고민해본다는 것은 아주 좋은 거네. 하지만 일단 지금까지의 내용을 메모하게나."

　도도는 야시로의 재촉에 이렇게 기록했다.

도도의 메모 리더의 딜레마

- 사람은 일정한 경험 내에서는 판단을 내릴 수 있지만, 경험을 초월하면 판단을 내릴 수 없게 된다.
- 리더는 방황하면 안 되지만 경험을 초월한 상황을 끊임없이 맞닥뜨린다.
- 변화하는 환경에 딱 맞는 전략을 세우기란 몹시 어렵다.

다 적은 뒤 도도는 야시로에게 물었다.

"제 경우에 대입해보니 어느 정도 이해가 되는 것 같아요. 그런데 '변화하는 환경'이라는 건 잘 모르겠어요. 아직 정확하게 그려지지 않는데, 제 경우에는 어떤 걸까요?"

"좋아, 드디어 준비됐군. 그렇다면 스텝 1로 들어가보세."

목표를 구체적으로
수치화했는가

"'변화하는 환경'을 파헤치기 위해서는 먼저 해야 할 일이 있다네. 목표마다 조사할 대상이 달라지기 때문에 목표를 설정해야 해. 그것이 스텝 1이라네."

야시로가 지도의 좌측 상단을 가리켰다. 한 장의 미래 지도의 좌측 상단은 '스텝 1 목표 설정'이었다.

"우선 목표를 설정하는 걸세. 목표란 지도로 말하면 목적지지. 목적지를 구체적으로 정해야 하네. 구체적으로 만드는 방법은 2가지네. 하나는 고유명칭으로 특정하는 것. 또 하나는 수치화하는 것."

도도의 메모 목표

- 변화하는 환경을 파헤치기 전 목표를 설정한다.
- 목표란 목적지다.
- 목표를 구체화하는 2가지 방법 ① 고유명칭화 ② 수치화.

계속 메모하는 도도를 내버려두고 야시로가 이어나갔다.

"목표는 여러 가지지. 이해하기 쉽게 사냥에 비유해보겠네. 사냥감으로서 '곰'과 '사슴'은 전혀 다른 종류지. 일단 곰부터 살펴보면 개체 수는 적고, 목표물이 크고 둔중하지만 습격당할 위험이 상당해. 그에 반해 사슴은 개체 수는 많고, 목표물이 작고 재빠르지만 습격당할 위험은 적지. 이 숲에서 곰과 사슴의 개체 수는 대조적이라네. 곰은 감소하고 있지만 사슴은 급증하고 있지. 어느 쪽을 목표로 삼느냐에 따라 무엇이 변화하고 있는지 조사할 대상이 달라진다는 뜻이지."

"오호라, 곰과 사슴이라니, 그렇게 말하니까 딱 대조를 이루네요."

"그래그래, 도도 군. 한 장에 정리하는 게 얼마나 어려운지 이야기했었지. 숙달되려면 꾸준히 경험을 쌓는 수밖에 없다네. 지금 내가 말한 곰과 사슴의 이야기를 한 장으로 정리해보게나."

느닷없이 던져진 과제에 당황했지만 도도는 한 장으로 정리해보았다.

도도의 메모 곰과 사슴을 비교한 한 장의 메모

* 곰의 정보
• 개체 수가 적다.
• 목표물이 크다.
• 둔중하다.
• 습격당할 위험이 크다.
• 감소 중이다.

* 사슴의 정보
• 개체 수가 많다.
• 목표물이 작다.
• 재빠르다.
• 습격당할 위험이 적다.
• 급증 중이다.

5분 동안 정리한 도도는 으쓱해하며 야시로에게 내밀었다.

야시로는 메모를 한번 쓱 보더니 30초 정도 무언가를 노트에 적었다. 도도는 자신이 정리한 것보다 너무 간결해 놀랐다.

야시로의 메모 곰과 사슴을 비교한 한 장의 메모

비교 항목	곰	사슴
개체 수	적다	많다
목표물의 크기	크다	작다
움직이는 속도	느리다	빠르다
습격당할 위험	크다	적다
과거 대비 증감	감소 중	급증 중

"이렇게 한 장으로 정리하려면 불필요한 것은 쳐내야 하는데, 매트릭스로 정리하면 한결 손쉬워진다네. 내가 앞으로 매트릭스 기술을 자주 보여줄 테니 괜찮다면 참고하게나. 아, 도도 군처럼 나열식으로 한 장에 정리하는 것도 나쁘진 않네."

도도는 칭찬 같지 않은 칭찬을 받은 느낌이었다. 그 표정을 보고 야시로는 씨익 웃고는 도도를 향해 윙크했다.

"그럼 도도 군의 목표 설정 이야기로 돌아가보세. 목표를 구체적으로 만드는 2가지 방법 중 첫 번째인 고유명칭을 한번

STEP 1. 목표 설정

물어볼까? 목표로 삼은 가게 혹은 롤 모델로 삼을 만한 사람이 있는가?"

"그게… 동네 경쟁업체가 세 곳 있었는데 전부 문을 닫았어요. 그래서 목표로 잡을 구체적인 가게 이름은 떠오르지 않네요. 롤 모델이라면 막부 말기의 사카모토 료마를 존경합니다."

"료마 말인가. 나도 아주 좋아하네만, 일단 지금 현존하는 인물 중에 찾아보는 게 좋을 것 같네."

"현존하는 인물… 음…."

도도는 이렇게 말하고 싶었다.

'야시로 선생님입니다. 야시로 선생님처럼 되고 싶어요.'

도도가 우물우물 망설이고 있는 사이 야시로는 적절한 타이밍에 다음으로 넘어갔다.

"고유명칭이 나오지 않는다면 수치화로 물어보지. 현재 연매출은 정확히 어느 정도인가…?"

"네, 연매출 5,000만 엔(5억 원)이 조금 안 됩니다. 전성기 때의 절반 밑입니다."

"그렇군. 그렇다면 앞으로의 연매출 목표는?"

방금까지 목숨을 끊으려고 했던 도도에게 앞으로의 연매출 목표 따위가 있을 리 만무했다.

"그래…. 목표를 생각해보지 않았나 보군…."

작게 중얼거리는 야시로를 향해 도도는 고개를 숙이며 이렇게 대답할 수밖에 없었다.

"죄송합니다. 그… 목표 같은 건… 제가… 생각해본 적이 없습니다…."

'높게 잡은 목표'에서
이노베이션이 나온다

도도는 목표조차 없는 자신의 모습에 너무 실망해 의욕이 꺾였다.

'뭐가 경영자야. 뭐가 사장이야. 뭐가 리더야. '한 장의 미래 지도'의 스텝 1조차 도달하지 못하잖아.'

자책감에 무너져내릴 것 같았다. 이럴 때 야시로는 항상 아무 말도 하지 않았다. 눈 쌓이는 소리. 장작 튀는 소리. 그는 마치 무언가에 귀를 기울이며 진공 같은 상태를 즐기는 것처럼 보였다. 가볍게 헛기침을 한 야시로가 중얼거렸다.

"아까 말한 '다쓰야'가 도도 군 가게 이름인가? 지금 다쓰야 직원들은 무엇을 하고 있을까?"

현실로 되돌아왔다.

"가게 직원들이요? 그러네요. 지금쯤 매장에 나와 있을 거예요."

"그 말은 사장인 도도 군이 없어도 되는 역할을 맡고 있다는 말이겠군. 그럼 목표를 세우는 역할도 직원에게 맡길 수 있겠나?"

"아뇨, 아무래도 직원들에게는…. 그건 사장인 제 역할입니다."

도도는 자기가 내뱉은 말에 순간 깨달았다.

"죄송해요. 우울해하고 있을 때가 아니네요. 이런 게 리더의 역할이겠죠."

그렇게 말하고 도도는 한 장의 미래 지도의 좌측 상단의 위쪽을 가리켰다.

"그래그래, 그런 의지! 리더는 고개 숙여도 괜찮네. 다시 들어올리면 그만이니까. 그렇다면 내가 목표 설정을 거들어도 되겠나?"

도도는 야시로를 향해 머리를 깊숙이 숙였다.

"그럼 도도 군, 준비는 됐겠지? 눈을 감고 머릿속에 현재의 연매출을 떠올려보게."

도도는 머릿속에 연매출 숫자를 떠올렸다. '5,000만 엔.'

"그렇다면 이제 목표 설정을 돕겠네. 방금 그 숫자의 마지막에 '0'을 붙여보게. 자, 이제 목표 설정 끝이네."

도도는 야시로의 말을 따라 머릿속에 방금 떠올린 숫자에 '0'을 추가했다.

'5,000만 엔 → 50,000만 엔. 어? 5억 엔(50억 원)?!'

도도는 자기도 모르게 눈이 휘둥그레졌다.

"야시로 선생님! 0을 붙이라고 하셔서 붙이긴 했는데 5억 엔이 됐어요! 그게 목표라고요? 말도 안 되잖아요!"

"그래. 확실히 5,000만 엔에 0을 붙이면 5억 엔이지. 그런데 왜 말이 안 되지?"

"아니, 지금의 10배잖아요! 지금도 이렇게 고전하고 있는데! 게다가 전성기 때 연매출이 1억 엔(10억 원)인데 말도 안 돼요. 불가능하다고요!"

정색하는 도도를 향해 야시로가 빙그레 웃는다.

"말도 안 된다, 불가능하다. 그건 '누가' 정했을까?"

"아니, 누구긴요. 제가 정했죠!"

도도를 무시하듯 야시로가 부엌으로 사라졌다. 얼마 안 있어 돌아온 야시로는 물을 가득 채운 듯한 주전자를 난로 위에 올렸다.

"물이 끓으면 커피라도 마시겠나?"

도도는 자신이 너무 정색한 것 같아 살짝 민망해졌다. 하지만 야시로는 전혀 개의치 않고 창가에 서서 눈발을 바라보고 있었다. 민망하기는 했지만, 신기하게도 두 사람 사이에 흐르는 공기는 나빠지지 않았다. 창가에서 펄펄 쏟아지는 눈을 바라보던 야시로가 입을 열었다.

"음, 10배가 어렵다는 건 당연한 말이겠지."

도도는 야시로가 다정하게 공감해주자 마음이 놓였다. 다음 말을 듣기 전까지는.

"도도 군, 그런 나약함 때문에 안 되는 걸세."

야시로가 처음 보인 냉철한 일격에 도도는 얼어붙었다. 야시로가 말을 이었다.

"이 세상 모든 어려움은 내 안에 있어. 내가 힘들다고 생각하면 힘들고, 식은 죽 먹기라 생각하면 또 쉬운 법이지. 스스로 천장을 설정하면 거기까지인 거네. 리더가 가진 사고의 그릇이 팀의 그릇이라네. 그렇게 생각하지 않나?"

도도는 억울한 나머지 아무 대답도 할 수 없었다. 또다시 긴 침묵이 이어졌다. 그 시간이 답답하지 않은 건 야시로가 콧노래로 크리스마스 캐럴을 흥얼거리고 있었기 때문일까. 그러다 야시로가 불현듯 말했다.

"아, 도도 군, '이노베이션innovation'이란 단어를 들어본 적 있나?"

도도의 대답은 기다리지도 않고 야시로가 계속 말했다.

"이노베이션은 '혁신'이라고 번역하는데, 앞에 단어 하나를 더 붙여 '기술 혁신'으로 정의하기도 하지. 쉽게 말해 새로운 것의 창조인 셈이지. 학문으로서도 깊이가 아주 깊은 영역이네. 예컨대 마차가 자동차가 되고, 전화나 컴퓨터가 스마트폰으로 대체되는 사례가 이노베이션이지."

구체적인 예를 들자 도도 또한 어느 정도는 이해했다. 야시로가 이어갔다.

"그런데 말이야, 이 이노베이션이 가장 빨리 탄생하는 길이 뭔 줄 아나? 바로 '목표를 높게' 잡는 거야."

"목표를 높게 잡는다고요?"

"그래, 높은 목표! 방금처럼 0을 덧붙이는 식의 10배 목표."

"그래도 10배 목표는 좀⋯."

이해하지 못하는 도도를 앞에 두고 야시로는 잠시 생각에 잠겼다.

"아, 도도 군, 이 오두막에서 도내의 신주쿠까지 갈 때 제일 빨리 가면 얼마나 걸릴 것 같은가?"

"음, 이 오두막에서 제가 사는 동네까지 한 시간이 좀 안 걸렸어요. 우리 동네에서 신주쿠까지 한 시간이 좀 안 되니 두 시간 안쪽이겠네요."

"두 시간 안쪽이라. 100분 정도겠군. 그럼 10배속인 10분 안에 신주쿠까지 갈 순 없을까?"

"에이, 어떻게 그래요."

"무슨 수를 써도?"

"야시로 선생님, 불가능이에요. 고속 헬리콥터라도 준비되면 모를까 말도 안 되잖아요."

야시로가 도도의 면전에서 손가락을 딱 튕겼다.

"도도 군, 지금 이노베이션이 나왔어!"

"네? 어느 부분이 이노베이션이에요? 헬리콥터 말씀이세요?"

"그래! 헬리콥터 말이야! 목표를 10배로 잡으면 기존 방식으로는 떠올릴 수 없는 기막힌 아이디어가 물밀듯이 탄생하거든. 그것이 바로 혁신, 이노베이션이라네. 생각해보게나. '30분 단축할 방법'같이 어중간한 목표였다면 헬리콥터 같은 발상이 나왔겠나?"

"하지만 그건 논리적이지 않잖아요?"

"논리적이지 않아도 괜찮아. 스텝 1에서 목표를 설정할 때는 차근차근 쌓아 올리는 식으로 생각하지 않고 일단 10배를 잡아보는 거네. 그렇게 하면 헬리콥터 같은 이노베이션에 도달할 수도 있으니까."

도도는 자신이 이노베이션을 정확히 이해했는지는 미심쩍었지만 사고의 천장을 벗겨내는 것이 얼마나 중요한지는 얼추 와 닿기 시작했다.

"발명왕 토머스 에디슨Thomas Edison은 '필요는 발명의 어머니'라는 말을 남겼지. '필요'가 '발명'을 낳는다. 즉 '어두운 방을 좀 더 밝게 하고 싶다'라는 필요성이 '전구'라는 발명으로 이어졌다는 말이야. 그 말 덕을 좀 보자면 '높게 잡은 목표는 이노베이션의 어머니'가 된다네."

그 후 이어지는 야시로의 기나긴 설명에 도도는 충분히 이해한 뒤 메모를 남겼다.

도도의 메모 이노베이션

- 이노베이션 = (기술 등의) 혁신

- 이노베이션은 높게 설정한 목표에서 탄생한다.

- 높게 잡은 목표는 이노베이션의 어머니다.

- 높은 목표는 논리적이지 않아도 상관없으니 10배로 설정한다.

스텝 1 지도 그리기

단상에 선 도도는 일흔이라고는 상상할 수 없을 만큼 쩌렁쩌렁한 목소리로 강연을 이어나갔다. 일찍이 야시로가 도도에게 가르쳐준 것처럼 도도가 강연장의 청중을 향해 한 장의 미래 지도 그리는 방법을 똑같이 설명했다.

"그렇다면 여러분, 지금까지 배운 것을 바탕으로 한 장의 미래 지도에 자신의 사업을 그려보시죠."

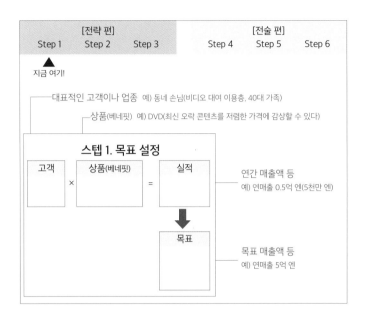

"일단 매출의 기본은 '고객 × 상품'입니다. 그에 따른 결과로 '매출'이라는 실적이 나오죠. 실적에 현재 매출을 적었다면 다음은 '목표'를 적습니다. 떠올리기 쉽게 1년 후의 목표를 적는 게 적당하겠죠. 그 목표액은 실적액에 0을 더해봅니다. 즉 10배입니다."

'10배 목표'를 노트에 적은 청중이 살짝 웅성거렸다. 웅성거리는 객석을 진정시키려는 듯 도도는 조용히 입을 열었다.

"여러분, 10배 목표를 적으면서 말도 안 된다는 생각이 들지 않았습니까? 충분히 이해합니다. 저도 처음에는 그랬거든요. 마음은 이해하지만 진정하고 제 말을 끝까지 들어주십시오. 믿어주십시오. 이 10배 목표란 무엇을 위해 쓰는 것일까요? 그것은 사고의 천장을 벗겨내기 위해서입니다. 10배 목표를 잡으면 결국 지금까지의 전략을 처음부터 다시 검토하게 되죠. 이노베이션에 이르면 베스트지만 꼭 이노베이션에 도달하지 않아도 괜찮습니다. 수치화한 높은 목표, 그것이 사고의 천장을 걷어낼 발판이 될 것입니다."

차분한 톤이지만 이미 확실한 성공을 거둔 도도의 말은 묵직하게 다가왔다. 웅성거리던 강연장이 순식간에 잠잠해졌다.

"그럼 사고의 천장을 벗겨낸 스텝 1은 이해하셨으리라 보고, 이번에는 현실을 직시하는 스텝 2로 가보겠습니다. 여러분은 이제부터 '새의 눈'을 장착하셔야 합니다."

청중은 한층 커진 기대감을 안고 도도의 다음 말을 기다렸다.

이것이 구글의 최강 사고법 '10×'다

스텝 1의 메시지는 '0을 덧붙여 목표를 잡아라'였다. 구체적으로는 '목표를 수치화하고 10배로 만들라'는 뜻이다. 이것을 체현해 성공한 세계적 기업이 있다. 바로 구글^{Google}이다. 구글(모회사는 알파벳^{Alphabet})은 인터넷 관련 서비스와 제품을 특화한 다국적 정보기술 기업이다. 이제는 무언가를 검색할 때 구글을 이용하지 않는 사람은 없을 것이다.

구글은 1998년 창업한 이래 20년 동안 1,618억 달러✢ (2019년 기준 약 17.8조 엔)까지 매출을 확대하며 지금도 성장하고 있다. 불과 20년 만에 전 세계에서 이용하는 서비스가 되고, 약 180조 원까지 매출을 늘린 비결은 무엇일까? 그 비

✢　구글 모회사인 알파벳의 실적. 출처: 2019년 12월 기준 알파벳 연차보고서

결 중 하나가 목표 설정이다. 구글의 목표 설정은 스텝 1의 메시지와 완전히 똑같다. 철저히 10배 목표를 추구한다. 하나 다른 점은 그들은 목표 설정을 '10×'라고 부른다는 것이다.

왜 구글에 10배 목표를 뜻하는 '10×'가 필요할까? 구글에는 '1억 명에게 도움이 되는 서비스가 아니면 시작하지 않는다'라는 사고방식이 뿌리내리고 있는 것으로 알려져 있다. 그러다 보니 혁신적인 진행 방법이 필요하다. 구글 아시아태평양 지역 인재 개발, 글로벌 부문 학습전략을 담당했던 표트르 펠릭스 그지바치Piotr Feliks Grzywacz는 이렇게 설명했다.

"10배를 생각하면 일이 루틴이 되지 않는다. 10배로 만들기 위해서는 놀라운 발상이 필요하기 때문이다."[1]

놀라운 발상의 중요성에 대해 이노베이션의 권위자 클레이튼 크리스텐슨Clayton Christensen도 이렇게 표현했다.

"지금은 고객에게 도움이 될 것 같지 않은 제품, 즉 파괴적 기술이 내일은 니즈에 부합할 수도 있다. 이 가능성을 염두에 둔다면 현재 고객에게 필요 없는 이노베이션에 대해서는 고객에게 기댈 필요가 없다."[2]

또한 그는 "신성장 사업으로서 성공 확률이 높은 것은 파괴적 전략"[3]이라고 말했다. 이는 '내일 성공할 사업은 어제오늘 고객의 의견을 듣지 말고 파괴적으로 생각하라'고 해석할 수 있다.

10배 목표인 '10×' 역시 '파괴적 목표 설정'이라고 할 수 있다. 하지만 한편으로는 '근거가 없다, 비논리적이다, 달성 불가능할 것이다, 비현실적이다'라는 의문이 떠오를 것이다. 스텝 1에서 도도가 느낀 것처럼 말이다. 이러한 당혹감이 구글에는 없었을까? 구글 일본법인 상급집행임원(2019년 12월 기준)인 가와이 준이치川合純一는 이렇게 답한다.

"논리나 근거는 불필요합니다. 비논리적illogical인 '10×의 뇌'로 목표를 향해 선을 다시 긋습니다. 같은 기간에 10배의 목표를 달성하려면 이차곡선, 삼차곡선처럼 급상승하는 커브를 그리게 되죠. 그러고서 당초 목표와의 사이에 생긴 괴리에는 어떤 과제가 있고, 어떻게 하면 해결할 수 있는가를 따져보는 것입니다."[4]

여기서 '10×의 뇌'라는 말이 나왔다. 그렇다면 어떻게 해야 10×의 뇌에 가까워질까? 앞서 표트르 펠릭스 그지바치는 '10×'로 성공하는 사람은 공통적으로 의식하는 11가지 특징이 있다고 지적했는데[5] 여기에 요약을 덧붙여 정리해본다.

1. 앞을 내다본다.
   → 사이클, 트렌드, 패턴을 찾는다.
2. 상대방의 입장이 되어본다.
   → 상대방의 니즈와 꿈을 알고 지지한다.
3. 견해를 분명히 밝힌다.
   → 부지런히 정보를 수집하고 통찰력을 키운다.

4. 분위기를 파악하고 분위기를 깬다.

   → 때로는 타인이 하지 않는 말을 한다.

5. 스스로 책임진다.

   → 주체적으로 일에 참여한다.

6. 참여한다.

   → 전화든 잡담이든 책임감 있게 참여한다.

7. 마음에 귀를 기울인다.

   → 통찰력을 키우고, 섬세한 신호에 귀를 기울인다.

8. 상식을 깨부순다.

   → 관계없는 것을 연결한다.

9. 적극적으로 실패한다.

   → 자신이 못하는 것을 시도하고 빨리 실패한다.

10. 끊임없이 질문한다.

   → 호기심을 갖고 늘 통찰력을 추구한다.

11. 관점을 바꾼다.

   → 전체에서 세부로, 미래 시점, 경쟁자 관점 등.

자, 당신은 이 11가지 특징 중 몇 가지에 해당하는가? '10×의 뇌'에 다가가는 유용한 힌트가 되지 않을까? 가장 빠른 길은 딱 하나만 하면 된다. 바로 목표에 0을 덧붙이는 것이다. 10배 목표를 세워보는 것이다. 끊임없이 세상을 놀라게 하는 구글의 목표 설정 기술 '10×'. 구글 서비스의 대부분이 무료인 것처럼 수치화한 목표에 0을 덧붙이는 것 또한 무료다. 누구도 과금하지 않는다. 어차피 무료인데 한번 시도해보면 어떨까? 사고의 천장을 걷어내고 혁신적인 발상을 끄집어내보자.

STEP 2. **시장 파악**

새의 눈으로 바람을 읽어라

왜 '새의 눈'이 필요한가

"드륵드륵드륵."

오두막에 이상한 기계 소리가 울려 퍼졌다. 원목 탁자를 통해 도도에게도 그 진동이 전해졌다. 야시로가 커피 그라인더로 드륵드륵 원두를 갈고 있었다. 장작 난로 위의 주전자가 쉭쉭 증기를 내뿜었다. 뜨거운 커피를 내리자 얼마 지나지 않아 오두막은 금세 커피 향으로 가득 찼다. 야시로와 도도가 커피마시는 소리만이 오두막에 울려 퍼지고, 멀리서 무언가가 우는 소리가 들렸다.

"저 울음소리, 올빼미인가요?"

"아, 정확히는 올빼미목 올빼미과의 부엉이지. 역시 겨울의 부엉이는 운치 있군. 하이쿠에서 부엉이는 겨울을 나타내는 계어季語(하이쿠에서 계절과 결부되어 그 계절을 나타낸다고 정해져 있는 말. ─옮긴이)로도 쓰이고."

무엇을 물어도 친절하고 자세하게 대답해주는 야시로의 박식함에 도도는 심취해 있었다. 부엉이 울음소리에 생각난 듯 야시로가 입을 열었다.

"그래, 도도 군. '새의 눈'이라는 말을 들으면 무엇이 연상되나?"

"새의 눈이라면… 밤눈이 어둡다는 것 정도요?"

"하하하. 뭐, 그런 말도 있지. 사실 부엉이는 야행성이니 밤눈이 밝지만 말이야. 그런데 '새의 눈' 하면 이것부터 떠올리면 좋겠네. 바로 '조감력鳥瞰力'이야. 새가 공중에서 내려다보듯 높은 곳에서 넓게 세상을 바라보는 능력이지. 이 조감력이 도움이 될 걸세."

"조감력이 제게 필요하다는 말씀이시죠? 이유가 뭘까요?"

"의식하지 않으면 높은 시점에 있는 것이 어렵기 때문이지. 의식적으로 높은 곳에 올라 넓은 범위를 내려다보는 것이 중요해."

"드론의 시선처럼 말인가요?"

"그래. 드론을 높이 날린 뒤 그 위에서 내려다보듯 살피는 것이 중요해. 그렇게 하면 바람의 방향을 읽을 수 있지. 물론 드론은 어디까지나 비유로, 다른 사고 툴을 이용해 시점을 끌어올려 시야를 넓힐 필요가 있어."

도도는 마시다 만 커피를 곧바로 탁자에 올리고 메모할 준비를 한다.

"조감력을 구사해서 살필 대상은 '시장', 즉 '마켓'이야. 내 전문인 '마케팅'이라는 단어도 이 시장이라는 말에서 유래했지."

야시로가 말을 이었다.

"왜 시장을 살펴봐야 하는가 하면, 시장은 하나가 아니라 크고 작게 세분화되어 있고, 그 시장마다 특성이 다르기 때문이야. 예컨대 앞에서 사냥으로 비유한 곰과 사슴에서는 개체 수가 달랐지 않나, 도도 군?"

"곰은 감소 중, 사슴은 급증 중이었죠?"

"그래그래. 그게 곰 시장, 사슴 시장이 되는 거야."

전문 분야로 들어가서인지 야시로의 말에서 상당한 열기가 느껴졌다.

"어느 시장에서 싸울 것인가. 이것이 비즈니스에서 더할 나위 없이 중요해지지. 만약 사냥감이 없는 시장을 골라버리면 아무리 사냥 실력을 키워도 결실을 맺을 수 없어. 수확이 없는 거지. 순풍을 타고 편하게 목표에 도달할 것인가, 역풍을 맞으며 체력을 소모할 것인가 하는 문제지. 그래서 바람의 방향을 읽는 것이 아주 중요해."

도도는 자신이 속한 비디오 대여 시장을 머릿속에 떠올리면서 야시로의 이어지는 해설을 기다렸다.

"거듭 말하지만, 비즈니스에서 승부를 겨룰 때 시장을 살피는 것은 매우 중요한 일이야. 하지만 매일 현장에서 분투하고 있는 사업가들은 그렇게 잘 안 하지. 아니, 할 수가 없어. 시야를 높이지 않는 이상 풍광이 눈에 들어오지 않거든."

"하, 안타까운 이야기네요. 드론의 시선으로 사냥감의 움직임을 쫓을 수 있다면 사업의 효율도 올라갈 텐데."

야시로가 이야기를 멈추고 다시 커피로 손을 뻗는다. 커피잔을 입에 대면서 도도를 바라본다. 도도는 순간 부끄러워져 황급히 시선을 피했다.

"도도 군, 비디오 대여 일을 몇 년이나 했다고 그랬지?"

"네, 20년 정도 됐습니다."

"업계에 오래 있었군. 그럼 내게 알려줄 수 있겠나?"

유달리 정중한 말투로 질문하는 야시로를 보고 도도는 이상한 예감이 들어 자세를 다잡았다.

"현재 비디오 대여업계의 시장 규모는 어느 정도인가? 대강이어도 좋네."

이상한 예감은 적중했다. 도도는 입을 꾹 다물었다. 오랜 침묵. 두 잔째 커피를 내리는 야시로의 쾌활한 콧노래가 간신히 침묵을 메우고 있는 듯했다.

"그래, 도도 군처럼 이렇게 오래 한 업계에 있어도 자신이 속한 시장의 규모를 파악하기는 좀처럼 쉽지 않은 법이야. 강제로 드론 같은 도구를 사용해 상공에서 내려다보지 않으면 알 수 없는 법이지. 정말 안타깝지. 안타까워."

야시로는 '안타깝다'는 말을 두 번 반복했다.

"야시로 선생님, 상공에서 내려다보는 조감력을 익히고 싶습니다. 방법을 알려주십시오."

"물론이지. 그전에 일단 커피 한잔 더 해볼까?"

미래에 대한 힌트는
모두에게 공개되어 있다

도도는 잠시 야시로와 두 잔째 커피를 음미했다. 야시로가 커피를 마시면서 이야기를 꺼냈다.

"그건 그렇고 미래를 내다볼 수 있다면 재밌지 않겠나?"

"네, 미래가 보인다면⋯ 정말 좋겠죠. 그리고 이렇게 야시로 선생님과 잡담을 나누는 시간도 흥미진진하니 너무 좋아요."

도도는 아직 커피 잔을 손에 들고 있었다.

"아니, 잡담이 아니라 지금 이야기하는 건 도도 군이 듣고 싶어 한 조감력 얘기야."

야시로의 눈은 웃고 있지 않았다. 도도는 황급히 커피 잔을 내려놓고 오른손에 펜을 쥐었다.

"시장을 가려내는 일이 중요하다는 건 이야기했지. 어느 시장에서 싸울 것인가? 한창 성장하는 시장이 좋을까? 그렇다면 사냥감은 많지만 경쟁도 심할 거야. 그럼 하락세를 보이는 시장일까? 경쟁은 줄겠지만 사냥감도 적겠지. 유망한 미래 시장을 알 수 있다면 엄청나지 않겠나?"

"물론 엄청나죠. 타임머신을 손에 넣은 것과 같을 거예요."

그 말에 야시로는 끄덕이면서 의기양양한 미소를 짓는다. 도도는 알았다는 듯 눈을 번쩍 떴다. '야시로 선생님은 미래 시장이 보이는 거야. 대단해!'

하지만 야시로는 의외의 대답을 내놓았다.

"실은 말이지, 시장의 미래는 이미 거의 결정되어 있어. 그리고 그 답이 될 힌트는 팔리고 있어서 돈만 내면 누구나 살 수 있지."

"네? 미래의 답이 팔리고 있다고요?"

야시로가 커피를 마시며 끄덕끄덕한다.

"그래. 시장의 미래는 정해져 있어. 그리고 미래 정보는 살 수 있다네. 그런데 그것을 아는 사람은 소수야."

"제가, 사겠습니다."

도도가 즉답한다.

"도도 군, 아주 좋은 자세일세. 다만 한 권에 수십만 엔은 하는데."

그러면서 다섯 손가락을 도도에게 내밀었다.

'지금 나에게 50만 엔은 무리야.'

의기소침해진 도도를 향해 야시로는 귀가 번쩍 뜨일 만한 말을 던졌다.

"그렇다면 공짜로 시장을 파악할 방법을 알려줄까? 3가지 질문만 있으면 된다네."

시장을 파악하는
3가지 질문

야시로는 노트에 무언가를 슥슥 적더니 도도에게 보여주었다. 공짜라는 말의 효력인지 도도는 서둘러 받아 적었다.

도도의 메모 **시장을 파악하기 위한 3가지 질문**

① 나의 장사(비즈니스)가 속한 시장 규모는 현재 어느 정도인가?

② 향후 시장 규모는 어느 정도인가?

③ 현재 시장에 모인 경쟁자의 수는 많은가, 적은가?

야시로가 우선 '공짜'에 대해 설명했다.

"앞에서 '미래를 산다'라고 말했는데, 그건 말하자면 시장예측 보고서처럼 다양한 리서치 회사에서 발행하고 있어. 그런 보고서는 조사 전문가들이 공들여 펴낸 것으로 내용이 탄탄하지. 예측 정보도 정확하고 신뢰할 만해. 그러니 정밀하게 분석할 때는 구입해서 활용하는 것을 추천하네. 하지만 가격이 비싸지."

도도가 끄덕인다.

"대략적으로 조사할 때는 인터넷만 활용해도 충분하다네. 공짜로 각종 정보를 탐색할 수 있으니까."

야시로는 도도가 메모한 '3가지 질문'을 손으로 가리키면서 설명했다.

"제일 처음의 ①은 현재의 시장 규모를 파악하기 위한 질문이야. 우리가 매일 작업하는 일은 '벌레의 눈'이지 '새의 눈'으로 하는 게 아니야. 그래서 도도 군도 이 질문에 답할 수 없었던 거야."

도도의 끄덕임을 확인하고 야시로가 이어나갔다.

"여기서 조금 어려운 게 자신이 속한 시장을 어떻게 정의하고 조사할 것인가인데…."

그렇게 말하고 야시로는 다시 노트에 무언가를 적었다. 도도가 따라 적었다.

도도의 메모 현재 시장 규모 조사법

○○시장   시장 규모

"'○○시장' 대신에 '○○업계'도 상관없어. 이런 키워드로 검색하면 여러 보고서가 나올 거야. ○○에 자신의 비즈니스를 연상시키는 키워드를 집어넣으면 돼. 도도 군의 경우는 뭐라고 넣을 수 있을까?"

도도가 스마트폰을 꺼내 검색하기 시작했다.

"그러네요. 비디오 대여 시장, 스페이스, 시장 규모일까요? 잠깐 스마트폰으로 검색해보겠습니다. 우와, 데이터가 꽤 많이 나오네요."

"음, 그래. 현재의 시장 규모는 고가의 보고서를 구매하지 않아도 대략적인 내용이라면 인터넷에 굴러다니고 있어. 다만 샘플 수, 산출 방법, 데이터 근거가 다르므로 신빙성 높은 것이 어떤 데이터인지는 스스로 판별해내야겠지."

"네, 알겠습니다. 이렇게 새삼 시장 추이를 보니까, 휴…. 제가 있는 시장은 축소 경향을 보이네요. 난감한데요, 이거."

그렇게 말하고 도도는 스마트폰으로 검색한 시장 규모 추이 그래프를 야시로에게 보여주었다. 스마트폰을 쥔 야시로의 미간에 주름이 잡혔지만, 그 즉시 다시 안색이 밝아졌다.

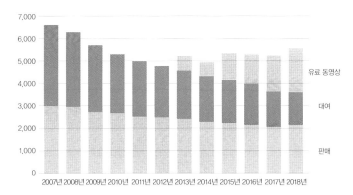

영상물 시장 규모 추이 (단위: 억 엔)

유료 동영상

대여

판매

2007년 2008년 2009년 2010년 2011년 2012년 2013년 2014년 2015년 2016년 2017년 2018년

〈영상물 시장 규모 및 사용자 동향 조사 2018〉, 일본영상물협회/
디지털엔터테인먼트그룹재팬/문화과학연구소(2019)의 데이터를 기반으로 작성

　"어디 보자, 비디오 대여 시장 규모는…. 응? 10년 사이에 절반으로 떨어졌군. 그런데 한편으로 '유료 동영상 시장'이 매해 증가하고 있네? 이건…."

　"아, 이건 스트리밍이나 VOD(주문형 비디오) 같은 거예요. 인터넷을 통해 동영상을 전송하죠."

　"좋아, 현재의 시장 규모와 추이는 대충 알았네. 그렇다면 이제 향후 시장을 조사하는 방법일세. 이게 미래를 알기 위한 검색 방법이지. 아까 그래프에서 비디오 대여 시장이 축소하고, 온라인 동영상 서비스(이하 OTT) 시장이 증가하고 있다는 것을 알았지 않나. 이쪽은 어떻게 될 것 같은가? 한참 성장하는 OTT 시장의 미래를 조사해보는 건? 이렇게 조사해보게."

도도의 메모 미래 시장 규모 조사법

○○시장　시장 규모　예측

"방금 검색한 방법에서 '예측' 키워드만 추가하면 되나요? 그렇다면 OTT 시장, 스페이스, 시장 규모, 스페이스, 예측이 겠네요. 잠깐 스마트폰으로 검색해보겠습니다. 아, 역시, OTT 시장은 성장한다는 예측이 나와 있어요!"

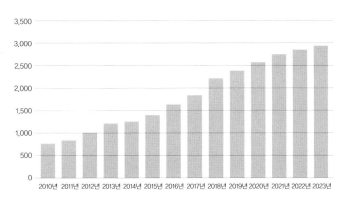

온라인 동영상 서비스(OTT) 시장 규모 추이 (단위: 억 엔)

〈OTT 시장 규모 보고서 2019〉, 재단법인 디지털콘텐츠협회의 데이터를 기반으로 작성.
2020년 이후는 추계치

머리 위 램프에 불이라도 들어온 것처럼 도도의 얼굴이 밝아졌다.

"비디오 대여 시장이 축소하고 OTT 시장이 성장하고 있다는 것은… 비디오를 대여하던 고객이 넷플릭스나 아마존 프라임 비디오와 같은 OTT로 흘러들었다, 이 말이군요!"

야시로가 마치 '정답'이라고 말하는 것처럼 소리 내지 않고 천천히 손뼉을 쳤다. 도도는 자신감을 충전하는 한편 손으로는 재빠르게 메모했다.

도도의 메모 나의 시장 분석

비디오 대여 시장의 축소와 OTT 사업의 증대를 보면, 기존 비디오 대여 고객이 줄고 그 고객의 일부가 OTT 시장으로 흘러 들어간 구조라고 분석할 수 있다.

도도가 다음 질문으로 넘어갔다.

"그렇다면 ③의 경쟁자 수도 조사해보겠습니다…."

다시 스마트폰을 집으려는 도도를 야시로가 저지했다.

"이건 인터넷에서 조사하지 않아도 돼. 뭐, 이에 대한 답도 인터넷에서 찾을 수 있겠지만 이번에는 감을 동원해서 보고 듣기를 추천하네. '분위기'를 파악할 필요가 있기 때문이야."

"분위기 파악이요…?"

"그래, 분위기! 경쟁자의 낌새를 감을 동원해 직접 들어보고 느껴보는 거지. 사냥의 경우에는 사냥감이 있는 곳에 경쟁자가 있어. 때로는 사냥꾼, 때로는 짐승이지. 그 낌새를 피부로 느끼는 거야. 비디오 대여 시장의 경쟁자가 많은지 적은지는 인터넷으로 조사하기보다 직접 피부로 느껴가며 조사해보기를 바라네. 직감이면 되니까 도도 군에게 물어봄세. 비디오 대여 시장의 경쟁자 수는 느는 것 같은가? 아니면 줄어드는 것 같은가?"

"틀림없이 경쟁자는 줄어들고 있습니다."

"왜 그렇게 생각하지?"

"동네 경쟁업체가 전부 문을 닫았거든요. 도심에서도 마찬가지예요. 젊은 사람들이 모이는 시부야나 롯폰기에서도 CD · DVD 가게가 점점 사라지고 있어요."

"그렇다면 또 하나 OTT 시장의 경쟁자는?"

"그건 요 몇 년간 급증했죠. 앞으로도 늘어날 것 같고요."

"그래그래. 그런 식으로 경쟁자의 분위기는 현장 감각으로 느끼는 게 가장 중요해."

도도는 야시로의 가르침을 기록했다.

도도의 메모 경쟁자 조사법

직감을 총동원해 보고 들으면서 조사한다. 현장 감각이 중요.

도도는 야시로의 실용적인 수법, 게다가 가르쳐주고 직접 해보게 하는 순서에 혀를 내둘렀다.

"야시로 선생님 같은 전문가는 이렇게 쉬우면서도 실용적인 시장조사 수단을 사용하는군요. 놀랍습니다."

"아니, 도도 군, 그건 오해라네. 이건 우리 학자가 취할 수단이 아니야. 학자는 시간이 많이 들더라도 정확하고 신중한 언동을 우선해야 해. 후세에 남길 논문을 위해서도 그렇지. 그런데 사업가는 정밀성이 떨어지고 대략적인 정보라도 시간을 최우선으로 생각해야 해. 상황이 시시각각 변화하니 속도가 생명이거든. 정확한 정보를 구하느라 시간을 허비하면 이미 그 단계에서 아웃이지. '버스가 떠난 뒤'인 거야. 이번에 배운 내용은 사업가를 위한 실용적인 수단이라는 걸 알고 있게나."

도도는 묘하게 납득했다. 지금 자신에게 필요한 것은 값비싼 보고서를 구매한 뒤 시간을 들여 정확한 정보를 파악하는 것이 아니었다. 우선은 공짜로 인터넷에서 대략적인 정보를 얻어 빠르게 파악하는 것이었다.

"그렇다면 도도 군, 지금까지 이야기한 시장 파악의 3가지 질문을 어떻게 정리할지 알려주겠네."

STEP 2. 시장 파악

시장 파악 매트릭스

"도도 군, 방금 내가 '실무가에게는 시간이 중요', '속도가 우선'이라고 말한 데는 이유가 있네. 근대 마케팅의 권위자인 필립 코틀러Philip Kotler❖는 '제품에는 수명이 있다'[1]라는 전제를 깔고 저서에서 제품 수명 주기Product life Cycle를 소개했어. 머리 글자를 따 PLC이론이라고 하지. 수명 주기는 도입기, 성장기, 성숙기, 쇠퇴기의 4단계로 구성된다네."

야시로는 한 장의 미래 지도의 상단 한가운데, 스텝 2를 확대해 노트에 그린 뒤 도도 쪽으로 돌려 보여주었다.

"일단 이 매트릭스 보는 법을 설명하지. PLC전략❖❖에 경

❖   필립 코틀러는 미국 노스웨스턴대 켈로그경영대학원 교수로 그의 저서 《마케팅 관리론》은 1967년 출간된 이래로 12판을 찍어내며 마케팅 교과서로서 전 세계 경영대학원에서 사용되고 있다.

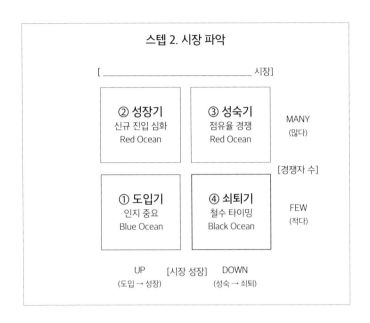

스텝 2. 시장 파악

[_____ 시장]

② 성장기 신규 진입 심화 Red Ocean	③ 성숙기 점유율 경쟁 Red Ocean	MANY (많다)
① 도입기 인지 중요 Blue Ocean	④ 쇠퇴기 철수 타이밍 Black Ocean	FEW (적다)

[경쟁자 수]

UP   [시장 성장]   DOWN
(도입 → 성장)   (성숙 → 쇠퇴)

쟁자 수를 넣어 내 나름대로 정리한 원본이야. 가로축은 '시장 성장'이네. 과거, 현재, 미래의 추이로 UP, 즉 성장하고 있는가, DOWN, 즉 축소하고 있는가. 이것은 스마트폰으로 조사한 데이터에서 답이 나왔다고 생각하네. 그다음 세로축은 '경쟁자의 수'일세. 이것은 현장 감각으로 많은지 적은지가 갈리네."

"그렇군요. 각각의 칸에 번호와 설명이 있네요? 이건 뭔가요?"

❖❖ 조엘 딘Joel Dean의 〈신제품에 대한 가격 정책Pricing Policies for New Products〉을 계기로 만든 PLC이론은 훗날 피터 도일Peter Doyle이 PLC전략으로 정리했으며, 필립 코틀러가 《마케팅 관리론》에서 소개했다.

"다 의미가 있는 번호라네. 모든 신규 사업은 이 번호순으로 진행돼. 왼쪽 아래에서부터 ①의 도입기, ②의 성장기, ③의 성숙기, ④의 쇠퇴기 순이야. 좌측 아래에서 오른쪽 위로 쏘아 올린 로켓이 화살처럼 우측 아래로 하강하는 이미지라고 하면 알기 쉬우려나?"

야시로가 설명을 이어갔다.

"숫자를 좇아 설명해보지. 우선 ①은 '시장 성장 중'으로 경쟁자가 적은 시장이야. 이 상황을 '도입기'라고 부르네."

"왼쪽 아래 칸에 블루오션이라고 되어 있네요."

"도도 군, 알아챘군. 그건 블루오션 전략❖에서 따온 거네."

"블루오션 전략이요?"

"처음 들어봤는가. 일반인들에게도 꽤 알려진 용어이긴 하지만 이참에 개념도 같이 설명해보지. 블루오션은 '잔잔한 푸른 바다'라는 의미로, 아무도 발견하지 못한 무경쟁 시장에서 싸우라는 전략이야. 그리고 레드오션, 즉 '치열한 경쟁으로 피투성이가 된 시장'은 최대한 피하라는 것으로 블루오션과 대조를 이루지."

"와, 진정한 헤드 카피네요."

"그렇지. 이건 2005년에 김위찬과 르네 마보안이 공동으로

❖　《블루오션 전략Blue Ocean Strategy》, 인시아드INSEAD 경영대학원의 김위찬 · 르네 마보안Renée Mauborgne이 2005년에 발표했다.

창안한 개념으로, 《블루오션》이라는 책은 세계적으로 베스트셀러가 되었지. 이렇게 단번에 이해할 수 있는 헤드 카피가 주효했다고 보네."

"난해한 타이틀은 보자마자 공부할 마음이 싹 사라지니까요."

"참고로 오늘날까지 살아남은 경영학자의 저서나 이론은 뛰어난 헤드 카피나 타이틀이 바탕에 있네. 혁신의 함정을 기술한 클레이튼 크리스텐슨의 《혁신기업의 딜레마》, 동물이 정글을 헤쳐나가는 다양한 길(전략)을 투어처럼 안내하는 헨리 민츠버그의 《전략 사파리》*, 타이틀만 봐도 주종관계가 한눈에 보이는 앨프리드 챈들러의 '조직은 전략을 따른다'** 등이 그렇지. 고전이면서도 오랜 세월에 걸쳐 실제로 사업가에게도 침투해 있는 이론은 타이틀이 독보적이야."

"그렇군요. 상단의 2개, ②와 ③의 칸은 피투성이의 레드오션 시장인가 보군요."

"도도 군, 이해가 꽤 빠르구먼. 정답일세. ②는 '시장 성장 중'으로 경쟁자가 많은 상황으로 '성장기'라고 부르지. 돈 벌기

❖ 헨리 민츠버그Henry Mintzberg는 캐나다 맥길대 경영대학원 교수로 경영전략의 권위자로 대표작으로 《전략 사파리Strategy Safari》가 있다.

❖❖ 앨프리드 챈들러Alfred Chandler는 하버드대 경영대학원의 명예교수로 경영사 연구의 일인자이다. 《전략과 조직》(1962)의 원제는 출판편집자의 의견으로 'Structure and Strategy조직과 전략'에서 'Strategy and Structure전략과 조직'으로 바뀌었다.

쉬운 시장이라 신규 진입자가 많은 것이 특징이야."

"확실히 비디오 대여업계도 매장이 여기저기 생기기 시작한 때가 성장기였나 봐요."

"그렇지. 그다음 ③은 '시장 축소 중'으로 경쟁자가 많은 상황으로 '성숙기'라고 부른다네. 경쟁자로 북적이고 점유율을 다투는 상황이야."

"아, 비디오 대여점도 동네에 경쟁자가 생겨서 각축을 벌이던 때가 있었어요. 성숙기였다는 생각이 드네요."

"제대로 파악했네, 도도 군. 그리고 마지막 ④가 있네. '시장 축소 중'으로 경쟁자가 적은 상황이라 '쇠퇴기'라고 했지. 내가 만든 용어인데, 검게 죽은 바다를 떠올려 블랙오션이라고 했다네. 이 상황에 오면 철수 혹은 방향을 전환해야 해."

수다스럽게 반응하던 도도가 입을 다물었다.

"야시로 선생님, 제가 있는 비디오 대여업계는 이 오른쪽 아래의 ④번 쇠퇴기로 접어들었던 걸까요?"

"왜 그렇게 생각하지?"

"조금 전 3가지 질문에서 끌어낸 해답을 대입해보면 여기로 귀결되거든요. 시장은 축소 중, 경쟁업체는 줄줄이 문을 닫고 있으니까요."

"도도 군, 축하하네. 안타깝지만 정답일세."

야시로의 상반되는 단어 조합에 도도는 순간 당황했다.

"'안타깝지만'이라고 말한 건 도도 군의 사업이 검게 죽은 바다, 블랙오션을 떠돌고 있기 때문이야. '축하한다'라고 말한 건 그것을 깨달았기 때문이고. 하지만 이 깨달음은 의미가 크다네."

그 말에 도도는 수긍하면서 "아!" 하고 작게 소리를 높였다.

"비디오 대여업계는 ④쇠퇴기이지만, OTT는 시장 성장 중이고 경쟁자가 적으니까 도입기인 ①이지 않나요!"

야시로가 도도를 향해 손가락을 튕기며 "빙고!" 하고 읊조렸다.

"그렇다면 이 상황을 매트릭스에 담아보게나."

시장 파악 매트릭스에 대입하기

도도는 메모에 두 시장의 현재 위치를 그려 넣었다.

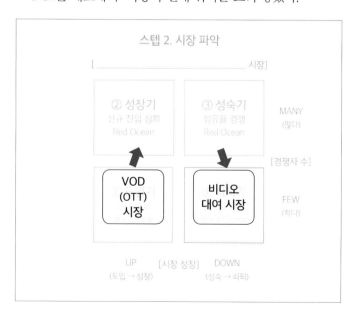

"이렇게 새삼 살펴보니 비디오 대여업계는 고객의 발길이 줄고, 주변 업체는 문을 닫고 있네요…. ③의 성숙기에서 ④의 쇠퇴기로 접어들고 있나 봐요. 그 대신 VOD는 확장되면서 다양한 서비스가 나오기 시작했네요. ①의 도입기에서 ②의 성장기를 향하고 있다는 게 이해가 됩니다."

"흠흠, 그래, 시장 파악 매트릭스에 대입해보니 어떤가?"

"이게 평소 일에 몰두하고 있을수록 놓치기 쉬운 시점 같아요. 어렴풋이 이상하다고 느끼긴 했지만 이제야 풍광이 제대로 보이네요!"

도도가 흥분한 기색으로 대답하자, 야시로가 양손으로 원을 만들어 두 눈에 대고 멀리 보는 시늉을 한다.

"선생님, 무, 무슨 일이시죠?"

장난기 어린 야시로의 행동에 도도가 웃음을 참았다.

"도도 군, 자네 '새의 눈'이 생겼군. 지금 자네는 상공에서 자신의 시장을 내려다본 걸세. 사냥으로 치자면 사냥감 자체가 줄어드는 가운데 근소하게 늘어나고 있는 사냥감 무리의 그림자를 포착한 것이지. 이것이 새의 눈 시점인 거야."

그러나 칭찬받은 기쁨도 한순간이었다.

"그래서, 도도 군. 이제 어떻게 하면 좋겠나?"

"음, 비디오 대여 시장에서 완만하게 철수해서 VOD(OTT) 시장으로 서서히 진입해야 하는 걸까요?"

야시로가 숨 돌릴 틈도 주지 않고 파고들었다.

"'서서히 진입'이라고 했는데, 그 전략으로 스텝 1에서 선언한 10배 목표를 달성할 수 있을 것 같은가?"

도도의 눈이 휘둥그레졌다.

"아…. 죄송해요, 스텝 1 내용을 잊어버렸습니다!"

야시로가 큼큼 가볍게 헛기침했다.

"다음은 '스텝 3 전략 결정'일세. 그전에 '스텝 1 목표 설정'과 '스텝 2 시장 파악'을 비교해보게나. 그리고 이렇게 물어보는 거야. 과연 내가 지금 있는 시장에서 10배 목표를 달성할 수 있을 것인가."

야시로가 무언가를 노트에 적어 도도에게 보여준다.

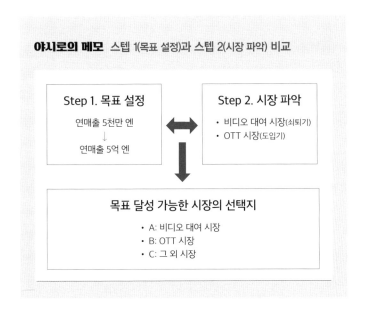

야시로의 메모 스텝 1(목표 설정)과 스텝 2(시장 파악) 비교

Step 1. 목표 설정
연매출 5천만 엔
↓
연매출 5억 엔

Step 2. 시장 파악
• 비디오 대여 시장(쇠퇴기)
• OTT 시장(도입기)

목표 달성 가능한 시장의 선택지
• A: 비디오 대여 시장
• B: OTT 시장
• C: 그 외 시장

"스텝 1에서 목표를 10배로 설정했네. 스텝 2에서 2가지 시장이 보였는데, 하나는 지금 있는 시장인 '비디오 대여 시장', 또 하나는 'OTT 시장'이지. 여기서 스텝 1과 스텝 2를 비교해보는 거야. 그렇게 하면 목표 달성을 위한 시장의 선택지 3가지가 나와. A의 비디오 대여 시장, B의 OTT 시장, C의 그외 시장. 도도 군, 목표를 달성하기 위해서는 어느 시장에서 싸워야 할까?"

"3가지 선택지 중에서 말이죠? 일단 현재 싸우고 있는 A의 비디오 대여 시장에서는 무리예요. B의 OTT 시장은 성장 가능성은 있어 보이는데, 이미 넷플릭스, 아마존 프라임 비디오처럼 거대한 경쟁 상대가 있어서 싸울 마음이 들지 않고요. 그만한 자금력도 없습니다. 진입이 어려울 것 같아요."

도도의 대답을 예상했다는 듯 야시로가 재촉한다.

"그렇다면 나머지는⋯."

도도가 스스로에게 말하듯 대답했다.

"C의 '그 외의 시장'밖에 남지 않았네요, 10배 목표를 달성하려면. 하지만 어떻게 하면 좋을지⋯."

야시로가 일어서서 세 잔째 커피를 내리러 난로로 다가갔다. 곧이어 갓 내린 커피를 홀짝이며 도도 쪽을 돌아본다.

"좋아, 그럼 '그 외의 시장'에서 싸울 전략을 스텝 3에서 그려볼까?"

스텝 2 지도 그리기

도도는 스포트라이트를 받으면서 대형 스크린에 비친 스텝 2를 전달하기 위해 가로로 길게 펼쳐진 무대의 오른편에서 왼편으로 이동했다.

"이 활처럼 휜 검은색 화살표를 봐주십시오."

스크린에 비친 '스텝 2 시장 파악' 매트릭스 중앙에 왼쪽 아래에서 호弧를 그린 듯한 화살표가 있었다.

"사람은 세상에 태어나 성장하고 늙어갑니다. 사실 모든 사업도 정도의 차이는 있을지언정 같은 과정을 밟죠. 그림 속에서 화살표의 움직임을 살펴보세요. 오른쪽 아래 ①의 도입기, ②의 성장기, ③의 성숙기를 거쳐 ④의 쇠퇴기에 이르는 과정이 인간의 삶과 비슷하지 않습니까? 세상의 환경이 그렇게 만드는 겁니다. 그런데 변화하는 환경에 대응하지 못하는 리더

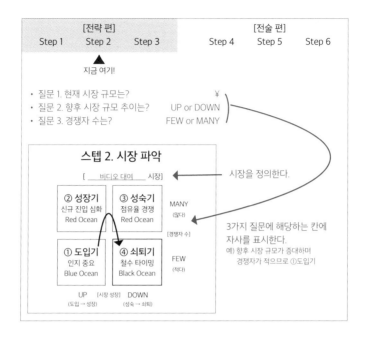

가 많습니다. 그 이유는 무엇일까요?"

도도의 질문에 청중들이 갑자기 선생님에게 지목당한 학생처럼 입을 꾹 다물었다.

"변화하는 환경에 대응하지 못하는 이유는 '새의 눈'으로 현 위치를 보지 못하기 때문입니다. 세상은 저를 '거침없는 경영자'라고 부릅니다. 겸연쩍은 호칭이지만 사실 방황하지 않는 게 아니라 방황하지 않는 새의 눈을 갖기 위해 노력했을 뿐입니다."

도도는 일찍이 야시로가 그랬던 것처럼 손가락으로 원을

만들어 쌍안경처럼 눈에 대고 먼 곳을 두리번거리는 시늉을 해 객석의 웃음을 유도했다.

"스텝 2는 일단 3가지 질문을 던져 자신이 속한 시장의 위치를 파악하는 것입니다. 3가지 질문이란 이것입니다.

첫째, 자신의 비즈니스가 속한 시장 규모는 현재 어느 정도인가?
둘째, 향후 시장 규모는 어느 정도인가?
셋째, 현재 시장에 모인 경쟁자의 수는 많은가, 적은가?

이 질문들로 자신의 비즈니스가 서 있는 위치를 알 수 있습니다."

청중은 저마다 필기하느라 정신이 없었다.

"이제 이 질문을 통해 얻은 대답으로 이 매트릭스 안에 당신의 사업을 대입해보십시오. ①도입기라면 어떻게 고객에게 인지시킬 것인지 PR 전략이 중요해지겠죠. ②성장기 혹은 ③성숙기라면 경쟁이 치열하므로 차별화 전략이 필요합니다. 그리고 ④의 쇠퇴기에 있다면 철수 준비를 하면서 새로운 전략으로 전환해야 합니다. 제가 방황하지 않고 재빠르게 결단을 내린 것은 이렇게 새의 눈을 마음속에 그렸기 때문입니다."

도도가 이어서 설명했다.

"마지막으로 어디서 싸울 것인가의 결단 기준입니다. 그 기준은 스텝 1에서 설정한 '목표'입니다. 즉 10배 목표죠. 10배 목표는 현 위치를 착각하면 절대 달성할 수 없습니다. 목표가 2배 정도라면 현 위치를 의심할 필요가 없습니다. 그러나 10배 목표라면 현 위치에 계속 눌러앉아도 되는지 의심해보십시오. 10배 목표라면 현 위치를 대대적으로 재검토해야 합니다."

스승인 야시로의 가르침이 지금도 몸에 배어 있는지 도도는 이론을 설명한 뒤 반드시 구체적인 예를 덧붙였다.

"제가 파산 직전의 비디오 대여업계에서 철수해 새로운 사업 전략으로 방향을 틀 수 있었던 것도 10배 목표를 기준으로 삼았기 때문입니다. 결과적으로 비디오 콘텐츠 사업과는 전혀 다른 사업에 도전해 새로운 전략을 구축한 것이 성공의 첫발이었습니다."

객석의 기대감이 한층 높아졌다.

"그렇다면 이제 스텝 3을 진행해볼까요?"

넷플릭스여,
그런 것까지 한단 말인가!

거대 IT 기업 네 곳을 가리키는 GAFA(구글, 아마존, 페이스북, 애플)의 매출액은 이제 사우디아라비아의 GDP와 맞먹는 금액[2]이다. 이 GAFA에 N을 추가한 뒤 재배열해 IT 대기업 다섯 곳을 가리키는 'FAANG'이라는 단어도 생겼는데, 여기에서 N이 바로 온라인 동영상 서비스(스트리밍) 사업의 기수 넷플릭스NETFLIX다.

2020년의 도도가 온라인 동영상 서비스 시장에 진입하지 않겠다고 한 것은 현명한 판단이었다. 이미 넷플릭스나 아마존 프라임 비디오 등 강력한 경쟁 상대가 각축을 벌이고 있는 '버스가 떠난' 시장이었기 때문이다. 만약 2000년경 시장 진입 결단을 내렸다면 승산이 있었을지도 모른다. 넷플릭스도 그 시절에는 아직 신생 업체였으니까.

넷플릭스는 1997년 DVD 배달업체에서 출발했다. OTT 사업에 뛰어든 후로는 세계 190개국에서 동영상 서비스를 제공하면서 2019년 매출 201억 5,644만 달러, 유료 구독자 수 1억 6,709만 명(2019년 12월 말 기준)을 기록했다.

넷플릭스는 어떻게 작은 DVD 대여 회사에서 시작해 전 세계적으로 서비스를 제공하고, 미국의 거대 IT 기업 중 다섯 손가락 안에 들어가는 회사가 되었을까? 그 여정은 결코 순탄치 않은 악전고투의 연속이었다. 다만 사투를 벌일 판 자체를 바꾼 것이 신의 한 수였다. 실제로 이 책 98쪽에서 소개한 도표와 완전히 똑같은 전개를 보였다. 오른쪽 아래의 비디오 대여

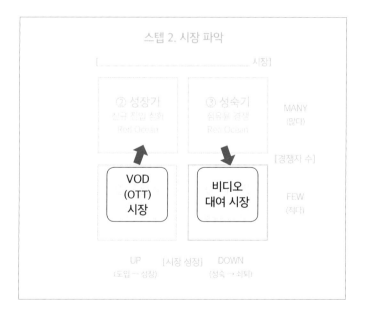

시장에서 왼쪽 아래의 OTT 시장으로 이동한 것이다.

넷플릭스는 처음에 웹사이트상에서 DVD를 대여하는 서비스를 시작했다. 웹사이트라고는 하지만 웹사이트상에서 직접 콘텐츠를 전송하는 것이 아니라 주문을 받는 플랫폼으로 기능하며, DVD를 대여한 사람에게 배달하는 우편 배달형 대여 사업이었다. 배달이나 매장이냐 하는 채널의 차이는 있어도 도도와 똑같이 비디오 대여 시장에서 싸우고 있었던 것이다. 그러다 2007년에 OTT 사업으로 방향을 완전히 튼 것이 현재의 성공으로 이어졌다.

넷플릭스는 어떻게 선회할 수 있었을까? 한마디로 말하면 '끊임없이 바람을 읽었기 때문'이다. '바람을 읽는다'라는 것은 변화하는 바람의 방향, 즉 변화해가는 환경에 대응하는 것이

시간에 따른 환경 변화와 대형 경쟁업체 및 넷플릭스의 추이

연대	환경	대형 경쟁업체		넷플릭스
1990	VHS플레이어	매장형		
1995	DVD플레이어	VHS		
2000	PC 보급 인터넷 보급		DVD	우편 배달형 (DVD)
2005	초고속인터넷 (브로드밴드)		우편 배달형 (DVD)	
2010	스마트폰 보급	↓ 쇠퇴	↓ 철수	스트리밍 (애플리케이션화, 오리지널 콘텐츠, 세계 진출)
2015	스마트TV			
2020	5G통신			

출처: 지나 키팅Gina Keating, 《넷플릭스 스타트업의 전설》(2019)을 참고로 저자 작성.

다. 넷플릭스가 바람을 예측해 성공한 것과 대조적으로 당시 대형 경쟁업체는 바람을 읽지 못해 변화해가는 환경에 대응하지 못한 탓에 철수하고 말았다. 시간에 따라 변화하는 환경과 대형 경쟁업체 및 넷플릭스의 움직임을 살펴보자.

앞의 그림을 보면 넷플릭스의 분수령은 2007년 OTT 사업으로 전환한 때다. 이때 방향키를 틀지 못한 경쟁업체는 쇠퇴의 길로 들어섰으니 넷플릭스로서는 '용기 있게 발을 내디뎌 다행이었다'라고 당시의 용단에 끄덕일 것이다.

그러나 그 용단을 내리기까지 어려움은 없었을까? 익숙한 '배달형 대여 사업'과 새로이 착수한 'OTT 사업'은 '동영상 콘텐츠를 고객에게 전달'한다는 점에서는 일치했지만, 비교해보면 두드러진 차이를 보였다.

우편 배달형 대여 사업과 OTT(스트리밍) 사업의 비교

사업	우편 배달형 대여 사업	OTT(스트리밍) 사업
상품	DVD(하드웨어 있음)	스트리밍(하드웨어 없음)
배송비	필요	거의 불필요
콘텐츠 재생	DVD 대여 중에는 재생 불가	상시 재생 가능
매장	필요	불필요

그럼에도 과감하게 결단을 내릴 수 있었던 것은 순풍에 몸을 맡겼을 때의 이득을 우선했기 때문일 것이다. 방침을 전환

한 2007년은 PC 보유 대수도 계속 늘어나는 상황이었고, 인터넷 통신 속도 또한 브로드밴드의 확산으로 크게 향상되었다. 그 후 수년에 걸쳐 실생활에 침투한 스마트폰도 순풍에 돛을 달아주었다.

DVD를 배달하기보다 온라인에서 서비스하는 게 배달료도 들지 않고, 콘텐츠 재생률도 비약적으로 오른다. '변화하는 환경'에 '새로운 전략'을 짜 맞춘 것이다. 그뿐 아니라 새로운 전략을 디테일에 녹여낸 집념도 대단했다. 넷플릭스의 CEO 리드 헤이스팅스Reed Hastings는 '스트리밍의 백 년 제국' 구축을 공언했다. 이를 위해 큰 틀인 전략부터 디테일에 이르기까지 완벽을 고집했다.

리드 헤이스팅스는 영업팀에 인터넷과 연결되는 온갖 디바이스에 넷플릭스를 각인시키라고 명했다. 그것은 그야말로 '집념'이라고 부를 만한 것으로, 나도 그 집념을 실생활에서 체감한 적이 있다. 최근에 나는 4K 텔레비전(샤프 제품)을 구입했는데, 리모컨에서 가장 잘 보이는 곳에 넷플릭스 버튼이 떡하니 자리 잡고 있었다. 검정 버튼들이 나열된 가운데 아래쪽에 하얀 바탕에 빨간 글자로 넷플릭스라는 버튼이 있었는데, 그건 넷플릭스 로고 그 자체였다. 눈에 가장 잘 띄는 데다 버튼 면적도 리모컨 안에서 가장 컸다.

텔레비전이 인터넷과 연결됐다고는 해도 전원 버튼만 누르면 바로 시청할 수 있는 NHK나 민영방송과는 달리 OTT는 시청하려면 한 단계를 더 거쳐야 하기 때문에 확실히 불리하다. 그래서 더 많은 시청자를 확보하기 위해 시청자가 채널을 선택하는 첫 번째 기회, 즉 리모컨의 일등 자리를 차지한 것이다. 굉장히 영민한 전략인데 한 가지 의문이 남는다.

넷플릭스는 어떻게 자사 버튼을 좁은 리모컨 안에 배치할 수 있었을까? 그것은 넷플릭스의 탁월한 교섭력 덕분이었다. 가전제품 제조업체 대신 리모컨 제조 원가의 10퍼센트를 부담하는 조건으로 버튼 자리를 따낸 것이다.[3] 넷플릭스로서는 리모컨의 일등 자리를 차지하면 시청자에게 선택받을 확률이 높아지고, 제조업체로서는 원가의 10퍼센트가 가벼워지니 서로 윈윈win-win인 전략이다. 넷플릭스는 이 리모컨 전략을 다른 기업으로도 확장했고, 샤프 외에 소니, 파나소닉, 도시바의 리모컨에도 넷플릭스 버튼이 들어갔다. 일본의 대형 가전업체의 일등 자리를 제패한 것이다.

그런데 일본이 자랑하는 대형 가전업체라고 해도 미국에서 보면 멀리 떨어진 극동의 가전업체일 뿐이다. 왜 군이 리모컨의 일등지 제패를 고집했을까? 그 이유는 한발 늦은 시장 진입을 만회하기 위해서였다. 넷플릭스의 일본 시장 진입은 2015년인데, 경쟁업체인 훌루Hulu✤는 그보다 훨씬 앞선 2011

✤   훌루는 미국 월트 디즈니 다이렉트 투 컨슈머 & 인터내셔널 산하의 온라인 동영상 서비스다.

년에 일본에 진입했다. 후발주자의 약점을 보완하기 위해 온 갖 수단을 짜낸 것이다. 전 세계 시청자를 단 한 명이라도 더 많이 확보하기 위해서 말이다.

'신神은 디테일에 있다'라고 한다. 이렇게 무대 뒤를 들여다 보면 '스트리밍의 백 년 제국'을 공언하고, 디테일까지 고집하는 리드 헤이스팅스의 지독한 집념이 느껴진다. '넷플릭스여, 그런 것까지 한단 말인가!' 하고 탄성을 지르게 된다.

넷플릭스는 제92회 아카데미상에서 월트 디즈니와 소니 픽처스를 누르고 최다 기록인 24개 부문에 후보를 올리고 명실상부 톱 제작사의 지위를 확고히 다졌다. 만약 지금까지 기존 전략을 고수하며 비디오 대여 시장에 힘을 쏟았다면 그런 영예는커녕 쇠퇴하는 시장에서 고전을 면치 못했을 것이다. 그리고 만약 전략 변경에 성공했다 해도 디테일에 완벽을 추구하는 집념 없이는 분명 새로운 전략이 제 기능을 해내지 못했을 것이다.

넷플릭스의 성공을 보면 사투를 벌일 판을 제대로 찾아내는 것과 쇠퇴기 시장이라면 깔끔하게 전환하는 것, 디테일에 완벽을 추구하며 끊임없이 변화해나가는 집념이 얼마나 중요한지에 대한 교훈을 얻을 수 있다.

STEP 3. **전략 결정**

방향은 4가지 전략으로 정하라

구체적인 것에서
개념적인 것으로

"일흔이 되어도 매일 운동하다 보니 건강에는 자신이 있습니다. 다만 조명이 너무 강해서 땀이…"

단상에 선 도도는 웃으면서 손수건으로 이마에 맺힌 땀을 닦았다. 도도는 무대에 펼쳐진 대형 스크린의 내용을 설명하기 위해 여전히 좌우를 오가고 있었다. 도도는 도도그룹의 회장으로서 신규 사업 공개나 주주 설명회에서 직접 프레젠테이션을 할 때가 많았다. 스크린을 등지고 무대를 좌우로 누비는 역동성은 이미 도도의 트레이드 마크로 자리 잡았다. 도도는 강연을 시작할 때처럼 좌측 끄트머리에 서서 설명하고 있었다.

"자, 여기까지 왼쪽 상단의 스텝 1, 그리고 스텝 2까지 이야기했습니다. 한 번 더 정리해보죠. 스텝 1에서는 0을 덧붙여 10배의 목표를 세웁니다. 스텝 2에서는 현재 시장을 확인합니다. 그리고 이제 스텝 3 전략 결정입니다. 목표 달성을 위한 전략은 4가지 중에서 선택할 수 있습니다."

이번에는 천천히 우측 끄트머리를 향해 걸어갔다.

"(46쪽 표 참조) 이 지도의 가로축은 '사고의 축'입니다. 제가 제일 처음 서 있던 좌측이 구체적인 것, 그러니까 제일 처음인 스텝 1이 구체적인 것이었습니다. '구체적'이란 분명하다는 뜻입니다. 분명하다는 건 제 해석으로는 '숫자'와 '명칭'이 포함되어 있다는 뜻이고요. 이 2가지, 숫자와 명칭이 있다면 완전히 구체적인 것이 됩니다."

도도는 야시로에게서 습득한 해석을 탁월한 이야기꾼처럼 전달했다.

"때문에 스텝 1에서는 현재의 숫자를 가져와 10배로 만드는 목표를 설정한 것입니다. 숫자가 들어가 있으니 구체적이겠죠? 상황을 분명하게 정의할 수 있습니다. 다만 지나치게 구체적이면 폐해도 따릅니다. 발상을 크게 비약할 수 없다거나 전체 방침을 세우기가 어려워지죠."

이때 도도가 매력적인 표정을 지었다.

"그럴 때는 '개념적'으로 생각해봅시다. 개념적이란 구체성이 결여된 개념입니다. 숫자나 이름을 구체적으로 생각하지 않음으로써 두루뭉술하게 방향성만 따지죠. 그렇게 하면 눈에 보이는 것이 있습니다. 개념적으로 생각하기는 정리나 창조에 알맞습니다. 스텝 3은 '전략 결정'입니다. 개념적으로 생각해서 정리하고 창조하는 구역이죠."

이렇게 말하고 도도는 한 장의 미래 지도의 우측 상단을 가리켰다.

"누군가 제게 격변하는 환경 속에서 멈추지 않고 새로운 전략을 대응시킨 비결이 무엇인지 묻는다면 구체적인 것과 개념적인 것을 오간 것이 비결이라고 답할 것입니다. '구체적'인 목표를 정하고 '개념적'으로 전략을 추린 뒤, 다시 '구체적'으로 현장 업무에 녹여낸 것이죠. 30년 전 목숨을 건진 그날 밤에 배운 것입니다."

도도는 야시로와 열정적인 수업을 펼쳤던 하룻밤을 떠올렸다.

변해야 하는데
변하지 못하는 이유

오두막에서 펼쳐진 야시로의 수업은 여전히 열기를 띠며 계속되고 있었다. 도도에게는 시간이 어떻게 흘렀는지도 모를 정도로 알찬 수업이었다. 때때로 찾아오는 정적 사이사이에는 부엉이 외에 멀리서 짐승 소리가 들렸다. 이런 눈 내리는 밤에 짐승들은 무엇을 생각하며 저렇게 울부짖고 있는 것일까.

도도가 생각에 빠져 있는데 야시로가 입을 뗐다.

"도도 군, 좀 출출하지 않은가? 이것 좀 먹어보게."

그렇게 말하고 야시로가 들고 온 것은 얇게 포를 떠 말린 고기였다. 도도가 고기를 입에 넣더니 눈을 번쩍 떴다.

"이거 맛있네요! 베이컨인가요? 그런데 보통 베이컨은 아닌 것 같은데. 왠지 야생미가 느껴진달까요."

"그래, 멧돼지 스모크 베이컨이야. 멧돼지는 벚나무 훈연 칩으로 정성 들여 훈연하면 최고의 베이컨이 되지."

두 사람은 씹으면 씹을수록 맛이 진해지는 베이컨을 손으로 집어가며 손에 묻은 기름기까지 음미하고 있다.

"도도 군, 아, 먹으면서 듣게. 스텝 1의 목표 설정과 스텝 2의 시장 파악이 끝났지. 이제 스텝 1에서 세운 10배 목표를 향해 스텝 2에서 파악한 비디오 대여 시장에서 경쟁한다면 목표를 달성할 수 있을 것 같은가?"

도도가 베이컨을 씹다 말고 대답했다.

"아뇨, 힘들 것 같아요. 현 상황을 유지하는 것조차 버겁겠다는 걸 깨달았습니다. 시장이 가라앉고 있는 가운데서는 노력을 기울여도 10배 목표는 달성할 수 없을 것 같습니다."

"그렇다면 바꿔야겠군. 어떻게 바꿔 나갈 건가?"

"어떻게라…. 그걸 몰라서 이렇게 괴로운걸요."

잠시 야시로의 침묵이 이어진다.

"바로 그거야. '바꿔야 하는데 바꾸지 못하는 것'. 그게 문제야. 그런데 타이타닉호는 알고 있겠지?"

"네, 빙산에 충돌해 침몰한 호화 여객선이잖습니까."

"음. 그녀는 아, 배가 여성 명사라 타이타닉호를 말한 거네. 그녀의 키를 쥔 항해사는 빙산을 발견하고 키를 꺾었어. 비록 타이밍은 놓쳤지만 회피 행동을 한 것만큼은 최선이었지. 하지만 회사 경영에서는 빙산을 발견해놓고 그 어떤 행동도 취하지 않는 때가 많아. 즉 이대로 두면 큰일이 날 것을 알면서도 키를 꺾지 못해서 변화에 발맞춰 움직이지 못하는 거지. 지금의 도도 군처럼 말이네."

끄덕이면서 듣고 있던 도도가 순간 고개를 숙였다.

"왜, 변화에 대응하지 못할까?"

묵묵부답인 도도를 앞에 두고 야시로는 노트에 무언가를 적었다. 그러자 의미도 모른 채 도도도 따라 적었다.

도도의 메모 행동으로 가는 과정

예측 → 결단 → 행동

"일단은 '예측'. 다음이 '결단'. 그리고 '행동'이지. 지금의 도도 군은 이대로 두면 일이 잘못될 것이라고 예측은 했지. 이제 어느 방향으로 진행할 것인가 하는 결단을 내려 키를 꺾는 행동을 해보게. 구체적인 안은 있나?"

"죄송해요. 구체적으로는 생각해본 게 없습니다. 머릿속이 하얘요."

야시로가 달래듯 계속했다.

"아니야, 그걸로 족하네. 새로운 전략은 구체적이지 않아도 돼. 오히려 개념적으로 생각해보게나. 두루뭉술하게 말일세."

"두루뭉술하게도 괜찮나요?"

"두루뭉술하게가 딱 좋아. 이대로 두면 큰일 나겠다는 단계에서 밀리미터 단위까지 내려가서 방향을 정하기는 어려워. 그래서 동서남북 정도로만 대충 방향을 결정하는 게 낫다네."

"동서남북 4개라면 고르기 쉽겠군요."

"사람은 당황해서 머뭇거리고 있을 때 대략적인 선택지를 보여주면 쉽게 고를 수 있거든. 예를 들어 고등학생 때를 떠올려보게. 진로 때문에 고민이 많지 않았나?"

"네, 알 수 없는 미래 때문에 방황하던 꼬맹이였죠."

"그럴 때 진로 지도 선생님이 이런 선택지를 제시한다면 답답함이 좀 뚫리지 않았겠나?"

야시로는 슥슥 노트에 적어나갔다.

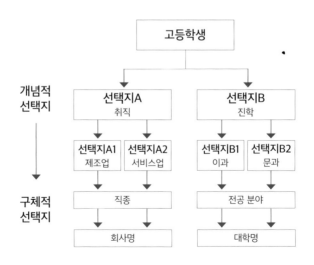

"일단 취직(A)을 할지 진학(B)을 할지가 첫 번째 갈림길이야. 진학(B)을 선택했다면 이어서 이과(B1)인지 문과(B2)인지를 골라야겠지. 굉장히 개념적이고 뭉뚱그린 방향이지만, 이것부터 결정하는 거야. 가고 싶은 회사나 대학교 같은 구체적인 것은 그 후에 결정하면 되지. 경영전략의 권위자인 헨리 민츠버그도 전략과 조직의 변혁을 체계적으로 분석하는 '변혁 큐브'에서 개념적 다음에 구체적으로 파고들라고 주장했네."

도도는 무릎을 쳤다.

"역시! 당시 진로 지도 선생님이 이런 식으로 도식화해주진 않았지만, 저도 이런 식으로 진로를 좁혀나갔어요. 저는 진학(B) 그리고 문과(B2)를 선택했고, 그러고 나서 전공 분야, 학교 등을 구체적으로 고민했어요. 이렇게 보니 선택지가 적으면 오히려 선택하기가 쉽네요. 그런데 회사 경영에서 전략의 방향성을 결정할 때 동서남북처럼 두루뭉술한 대략적인 선택지라는 게 있는 건가요?"

"안타깝지만 비즈니스 현장은 정글이야. 그때그때 스스로 선택지를 마련해야 하지."

그러더니 야시로가 빙긋 웃는다.

"다만 기업 전략에서 쓸 수 있는 동서남북에 필적할 만한 프레임이 있다네. 거의 60년도 더 전에 고안해낸 프레임이지만 어디 한번 들어보겠나?"

도도는 눈을 반짝이며 고개를 깊이 끄덕였다.

앤소프 매트릭스

"이제 소개할 내용은 앤소프 매트릭스^{Ansoff Matrix}라고 해서 말이지…"

그렇게 말하고는 야시로가 노트에 무언가를 적는 것을 보고 도도는 서둘러 남은 베이컨을 입에 한가득 넣고 메모할 준비를 했다.

"이 매트릭스는 경영전략의 아버지라고 하는 이고르 앤소프^{Igor Ansoff}✧가 고안한 도구야. 1957년에 발표한 매트릭스가 기업 전략 프레임으로 오늘날까지 이용되고 있지. 4가지 전략을 살펴보면 이렇다네."

❖　미국의 군용기 제조사인 록히드마틴^{Lockheed Martin}에서 다각화 연구를 추진하며 록히드마틴의 재건에 공헌했다. 카네기 공과대학 교수에 취임해 격차 분석, 앤소프 매트릭스 등을 창안했다.

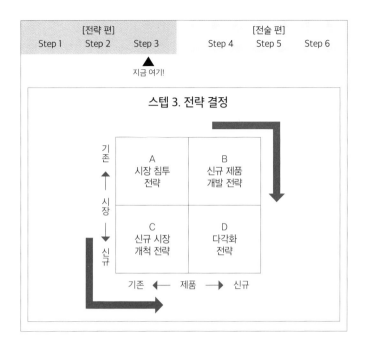

스텝 3. 전략 결정

도도는 야시로의 이야기를 한마디도 놓치지 않기 위해 서둘러 받아 적었다.

도도의 메모 앤소프 매트릭스의 4가지 전략

- A: 시장 침투 전략 (기존 시장 × 기존 제품)

  → 기존 시장(고객)에서 기존 제품으로 승부한다.

  재구매 대책 등으로 시장 점유율을 높인다.

- B: 신규 제품 개발 전략 (기존 시장 × 신규 제품)

  → 기존 시장(고객)에서 신규 제품으로 승부한다.

  새로운 니즈에 맞춘 제품 개발.

- C: 신규 시장 개척 전략 (신규 시장 × 기존 제품)

  → 신규 시장(고객)에서 기존 제품으로 승부한다.

  새로운 유통 경로, 고객 개척 등.

- D: 다각화 전략 (신규 시장 × 신규 제품)

  → 신규 시장(고객)에서 신규 제품으로 승부한다.

  시장도 제품도 모두 새로운 것.

  하이 리스크 하이 리턴.✧

"10배 목표를 달성하기 위한 전략을 4가지 중에서 선택하라는 거죠? 선택지를 추려놓으니 고르기 쉬울 것 같아요. 그런데…."

"그런데?"

"솔직히 뭘 골라야 할지 모르겠어요. 야시로 선생님, 지금 제 상황이면 어떤 전략을 선택해야 좋은 걸까요?"

✧   high risk high return. 투자 위험이 높은 금융 자산을 보유하면 시장에서 높은 운용 수익을 기대할 수 있는 관계를 이르는 말.

도도의 질문은 지극히 단순했지만 야시로의 말문을 막아버렸다. 조금 전까지는 이렇게 침묵이 이어질 때면 야시로도 침묵을 즐기는 듯한 느낌이 있었다. 하지만 지금은 어쩐지 야시로에게서는 무거운 분위기가 감돌았다.

"도도 군, 미안하네. 이건 나의, 아니 경영학자의 한계일지도 몰라. 경영전략의 아버지가 만든 매트릭스를 사용해도 '어떤 전략을 선택해야 하는가' 하는 자네의 물음에는 답을 할 수가 없어. 예를 들어 자사의 강점을 살린 'B 신규 제품 개발 전략'일지, 매출을 올릴 수 있는 시장을 발견하는 'C 신규 시장 개척 전략'일지, 학술적으로도 수없이 논의되고 있지만 명확한 답은 나오지 않았다네. 아니, 계속해서 나오는 답은 '선택해야 할 전략은 케이스 바이 케이스'라는 거야. 방황하는 실무자에게는 답이 될 수 없지."

도도는 처음 보는 야시로의 미적지근한 태도에 놀랐다.

"그래서 내가 내린 결론과 조언은, 결국 이 문제는 자네 스스로 결정해야 한다는 것이고, 나는 그저 조언만 할 수 있다는 거라네. 도도 군, 나는 지금부터 자네에게 평가 매트릭스를 보여주려고 하네. 자네가 이 평가 매트릭스로 4가지 전략에 점수를 매겨보는 건 어떻겠나?"

그렇게 말하고 야시로는 5분 동안 노트에 무언가를 적더니 도도에게 보여주었다.

야시로의 메모 평가 매트릭스

	속도	비용	노하우	기회	리턴	합계
	빠름:3 보통:1 느림:0	적음:3 보통:1 많음:0	있음:3 보통:1 없음:0	많음:3 보통:1 적음:0	많음:3 보통:1 적음:0	
A. 시장 침투 전략 (기존 시장 × 기존 제품)						
B. 신규 제품 개발 전략 (기존 시장 × 신규 제품)						
C. 신규 시장 개척 전략 (신규 시장 × 기존 제품)						
D. 다각화 전략 (신규 시장 × 신규 제품)						

"4가지 전략을 5가지 항목으로 평가해보면 어떨까 하네. 목표 달성까지 걸리는 '속도', 전략 실행에 드는 '비용', 전략에 대한 '노하우', 전략을 실행할 '기회', 전략에 따른 '리턴'이야. 점수가 높을수록 도도 군에게 유리한 선택이 되는 거지. 평가 점수를 정의하는 데 공을 들이느라 시간이 조금 걸렸네.

우선 '속도'를 보지. 목표를 빨리 달성할 수 있다면 3, 시간이 걸리면 0이야. 다음은 '비용'. 비용이 적게 든다면 3, 많이 든다면 0. 그리고 자사가 '노하우'를 보유하고 있다면 3, 없다면 0. 사업 '기회'가 많다면 3, 적다면 0. 마지막으로 '리턴'은 하이 리턴이라면 3, 로우 리턴이라면 0이야."

도도는 그 자리에서 자신의 노트에 점수를 매겨보았다. 미래 전략에 점수를 매기는 일은 처음이라 그런지 한 시간 가까이 걸렸다. 일단 결론을 내지 않은 매트릭스를 야시로에게 내밀었다.

도도의 메모 평가 매트릭스 자가 진단

	속도	비용	노하우	기회	리턴	합계
	빠름:3 보통:1 느림:0	적음:3 보통:1 많음:0	있음:3 보통:1 없음:0	많음:3 보통:1 적음:0	많음:3 보통:1 적음:0	
A. 시장 침투 전략 (기존 시장 × 기존 제품)	0	3	3	0	0	6
B. 신규 제품 개발 전략 (기존 시장 × 신규 제품)	1	0	1	1	1	4
C. 신규 시장 개척 전략 (신규 시장 × 기존 제품)	1	3	1	1	1	7
D. 다각화 전략 (신규 시장 × 신규 제품)	3	0	0	3	3	9

"그래, 흥미롭군. D의 다각화 전략이 높은 점수를 얻고, B의 신규 제품 개발 전략이 낮은 점수를 받았군. 사실 이 채점표에는 정답도 오답도 없네. 스스로 판단하기 위한 기준이기 때문이야. 설명을 좀 해주겠나?"

"네, 이렇게 점수를 매기니까 차분히 분석하면서 생각할 수 있었는데요. 일단 A의 시장 침투 전략은 지금 그대로 가는 거라 안전하긴 한데 미래가 없어 보였습니다. B의 신규 제품 개발 전략은 비디오 대여를 대신할 제품 개발 비용이 예상되어 점수가 낮았고, 결과적으로 저득점이 됐습니다. C의 신규 시장 개척 전략은 제품 개발 비용이 들지 않고, 의지가 있다면 영업으로 개척할 수 있을 것 같아 다소 높은 점수를 주었습니다. 그리고….."

야시로가 호기심 가득한 눈길로 도도를 응시했다.

"그리고 D의 다각화 전략이 가장 높은 점수를 받았지. 이 전략은 지금까지 접근하지 않았던 새로운 시장에 새로 만든 제품으로 도전한다는 가장 도전적인 전략이야. 말하자면 하이 리스크 하이 리턴이라는 양날의 검인 셈이지."

"네, 양날의 검이라는 점은 잘 알고 있습니다. 비용도 들 테고, 지금 회사에는 새로운 사업에 대한 노하우도 없어요. 하지만 스텝 1에서 설정한 10배 목표를 달성하기 위해 속도를 내려면 이 전략밖에 없다는 직감이 들었습니다. 이제 더 잃을 것도 없으니까 앞으로 나아갈 수밖에요."

도도의 말에 야시로는 적잖이 놀랐다.

"도도 군, 꼭 기억해주기를 바라네. 앞으로도 헤맬 날이 수없이 많을 걸세. 그럴 때는 자신의 '직감'을 소중히 여겨야 해. 그리고 직감의 토대가 될 판단 기준을 이 매트릭스처럼 시각화해두는 거야. 이 시각화를 차곡차곡 쌓아 한 장의 미래 지도를 만드는 걸세. 사업에 대해 고민될 때 자네가 믿을 수 있는 동료와 직원과 함께 다 같이 한 장의 미래 지도를 본다면 반드시 흔들림 없이 믿고 나아갈 힘을 찾을 수 있을 거야."

훗날 도도는 야시로의 수많은 가르침 중에서도 이 말의 무게를 절실히 느끼게 된다. 동료, 직원, 주주, 국적을 초월한 파트너와 함께 흔들리지 않고 결단을 내리고, 관계자와 틀어지지 않을 수 있었던 것도 '다 같이 한 장의 미래 지도를 보라'는 야시로의 가르침 덕분이었다.

이노베이션으로 향하는
2가지 힌트

야시로가 커피를 새로 내리면서 이야기를 시작했다.

"도도 군의 고등학교 때 진로 선택 이야기로 돌아가보세. 우선 진학을 선택하고, 이과를 버리고 문과를 골랐지. 그 후 대학과 전공 학부를 추려 입시 준비에 매진했겠군."

"네, 맞아요."

"두루뭉술한 개념적인 선택지에서 뚜렷한 구체적인 선택지로 가는 과정을 밟은 셈이지. 지금부터는 그 과정과 똑같네. D의 다각화 전략이라는 개념적인 선택지를 골랐지 않은가. 다각화 전략은 이노베이션, 즉 혁신이야. 그렇다면 이노베이션을 조금 더 구체적으로 생각해볼까? 어떤 새로운 시장·고객을 노릴 것인가? 어떤 새로운 제품·서비스를 제공할 것인가? 구체적이라고 했으니 '명칭'으로 정의해야 하네."

"야시로 선생님, 실은 다각화 전략을 선택하기로 했지만 구체적인 것은 전혀 떠오르지 않습니다. 죄송합니다."

갓 내린 커피를 몇 모금 마시고 야시로가 대답한다.

"사과할 필요는 없네. 구체적으로 파고드는 것이 이노베이션에서 가장 어려운 부분이거든. 다만 2가지 힌트가 있다네."

"2가지요?"

"'닭이 먼저인가, 달걀이 먼저인가' 하는 말이 있지. 이 인과관계의 딜레마가 마케팅에서도 똑같이 적용된다네. '제품이 먼저인가, 고객이 먼저인가' 하는 문제지. 제품에서 출발하는 것을 '프로덕트 아웃Product Out', 시장이나 고객에서 출발하는 것을 '마켓 인Market In'이라고 하네. 나는 후자의 고객에서 시작하기를 추천할 때가 많아. 하지만 프로덕트 아웃의 성공 사례도 많고, 반드시 틀렸다고만은 할 수 없어. 지금부터 양자의 관점에서 2가지 힌트를 제안하겠네. 첫 번째는 프로덕트 아웃의 힌트! 무언가를 '조합'하는 거야. 이미 존재하는 자원, 노하우, 상품, 유통 경로와 세상에 있는 무언가를 조합하는 거지."

도도가 천장을 올려다보며 떠올렸다.

"음, 우리 가게에 있는 제품, 서비스, 강점이라면… 대단한 건 없는 것 같은데요. 편의점을 리모델링한 마지막 매장 하나, 대여용 콘텐츠 수천 개, 동네 손님의 대여 이력, 의욕적인 직원 5명, 그리고 또…."

의자 깊숙이 앉아 있던 야시로가 갑자기 눈을 뜬다.

"지금 뭐라고 했나? 동네 손님의 대여 이력이라고?"

"네, 대여업이라서 신규 고객은 본인 동의하에 개인 정보를 관리하고 있거든요. 창업한 지 20년이라 약 1만 명의 고객 정보가 쌓여 있어요. 제 자부심이기도 한데요, 직원 중에 시스템을 잘 다루는 젊은 직원이 있어서 데이터베이스를 구축해 고객의 기호에 맞춰 메일이나 DM을 보내고 연체자에게는 독촉장을 보내도록 관리하고 있습니다. CRM✤이라고 하던가요? 근처 경쟁업체들은 따라할 수 없는 부분이라 동네에서는 독보적이라고 볼 수 있죠."

"뭐라고? 1만 명?! 도도 군이 사는 동네의 인구는?"

"인구는 10만 명 정도예요. 도쿄 교외의 베드타운으로 인기가 있어서 지금도 조금씩 늘고 있고요."

"동네 손님의 10퍼센트나 되는 개인 정보를 데이터베이스화하고 있단 말인가! 이거 쓸모가 있겠는걸."

의아해하는 도도를 향해 야시로가 이어간다.

"아니, 매출의 기본은 고객이네. 다만 그 고객의 연락처를 얻기 위한 고객 획득 비용이라는 것이 어마어마하거든. 도도 군의 회사에는 그게 필요하지 않으니 강력한 무기가 될 거야."

✤　CRM, Customer Relationship Management의 약자로 '고객 관계 관리'라는 마케팅 수법 중 하나다.

"그게 이노베이션으로 연결될까요?"

"도도 군 회사의 강점은 개인 정보를 살린 데이터베이스지. 이 기존 자원과 세상에 있는 기존 서비스를 조합해보자고. 예를 들어…."

이번에는 야시로가 천장을 올려다본다.

"예를 들어 그 데이터베이스를 활용해 식품 배달 서비스를 시작할 수도 있겠지. 맛깔난 반찬이라든가, 니즈가 있을까?"

"식품, 반찬 배달 말인가요? 아! 괜찮을 수도 있겠어요."

그렇게 말하고 도도는 노트에 동네 지도를 그렸다.

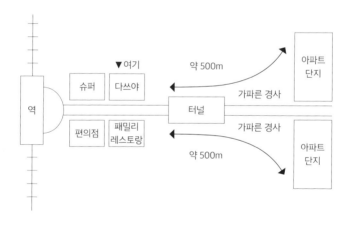

"이걸 한번 보세요. 우리 동네는 원래 구릉지였던 곳을 개척해 아파트 단지를 지으면서 북적이게 된 곳이에요. 역을 중심으로 슈퍼, 편의점, 패밀리 레스토랑이 있고, 저희 가게 다쓰야도 이 근처이고요. 동네 손님은 대부분 역에서 약 500미터 떨어진 언덕의 아파트 단지에 살고 있어요. 500미터 자체는 그리 먼 거리가 아니지만, 구릉지라서 아파트까지 가는 언덕 길이 만만치 않죠. 그래서 일단 집에 들어가고 나면 웬만해서는 다시 역 쪽으로 나오지 않거든요. 역에서 집으로 가는 길에 필요한 물건을 다 사서 가는 게 보통이죠."

야시로는 한 손에 지도를 들고 주억인다.

"그래서 저녁 7시 지나서 퇴근길에 DVD를 반납하러 오는 직장인들은 역 앞 슈퍼나 편의점에서 먹을거리를 사 들고 우리 가게에 들러요. 늘 무거워 보였거든요. 그 가파른 언덕을 올라 집에 가는 길이 힘들겠구나 하고요."

"그 말은?"

"그 말은 그러니까 데이터베이스를 활용한 식품 배달이라는 게 정말 먹힐 것 같기도 해요."

야시로는 솔깃해하면서 두 번째 힌트로 넘어갔다.

"그럼 두 번째는 마켓 인의 힌트야. 출발점이 제품·서비스가 아니라 시장·고객에서부터 생각하는 것이지. 다시 한 번 스텝 2로 돌아갈 것, 이것이 시장·고객의 출발점이 되네. 도도 군, 스텝 2 기억나나? 3가지 질문으로 파악하는 시장 현황이었지. 비디오 대여 시장은 안타깝지만 축소 일로를 걷고 있어. 그러니 앞으로 성장해나갈 시장을 찾아야 하지."

"그렇다면 아직 아무도 찾지 못한 블루오션을 찾아볼까요!"

야시로는 한 손으로 도도를 저지했다.

"아, 기다리게. 블루오션만 찾는다면 고생할 일도 없겠지만 쉬운 일이 아니야. 이노베이션의 권위자 클레이튼 크리스텐슨은 자신의 책에서 이렇게 말했다네. '존재하지 않는 시장은 분석할 수 없다'라고. 그 말의 진의를 헤아리자면, 블루오션에는 기회가 있지만 찾아내는 게 어렵다는 말이겠지. 앞으로 성장 가능성이 있지만 아직 존재하지 않는 시장, 이 시장은 제일 찾기 어려우니 지금은 나중에 누릴 재미로 남겨두세. 그 대신 지금 존재하는 시장은 분석할 수 있겠지."

야시로의 말이 끝나기도 전에 도도는 스마트폰으로 '식품 배달 시장/ 시장 규모/ 예측'을 검색하고 있었다.

"어, 이 보고서를 보면 배달 시장은 지금도 성장하고 있는 시장이에요."

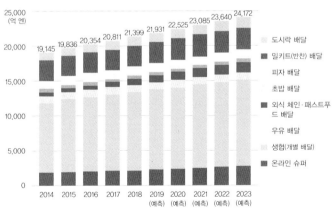

출처: 〈2019년판 식품 배달 시장의 전망과 전략〉, 야노경제연구소

야시로가 한 손에 커피 잔을 들고 들여다본다.

"확실히 지금도 성장세를 보이는 시장이군. 다만 이 그래프를 보면 다양한 업종, 즉 플레이어가 너무 많이 보이네. 그 점을 고려해 스텝 2의 시장 파악 매트릭스에 대입해보면 경쟁이 극심한 성장기인 레드오션이라고 추정할 수 있지."

"레드오션 시장을 골라도 되는 건가요?"

"시장 선택 점검은 마이클 포터의 5가지 경쟁 요인 모델 5 forces model❖을 이용하면 좋아."

"오호, 5가지 경쟁 요인이요?"

"먹음직스러운 시장을 찾기 위해 5가지 경쟁 요인으로 분석하는 방법이야."

야시로는 그렇게 말한 뒤 노트에 무언가를 적었다.

"예를 들어 'OTT 시장'과 '배달 시장'을 분석해보세. 이해하기 쉽게 도도 군에게 유리하면 ○, 불리하면 ×로 표시했네. 둘 중에 어느 쪽이 유리할까?"

"OTT 시장이 압도적인 것 같은데요?"

"그래, 그쪽이 더 먹음직스러운 시장이라는 말이겠지."

"아니, 그렇지만… 투자 금액이 너무 커서 버거워요."

❖ 마이클 포터Michael Porter는 하버드 경영대학원 교수로 경쟁 전략의 권위자이며, 대표작으로 《마이클 포터의 경쟁 전략Competitive Strategy》이 있다. 업계 구조를 5가지 경쟁 유발 요인(신규 진입의 위협, 기존 기업 간의 경쟁, 대체재의 위협, 구매자의 교섭력, 공급자의 교섭력)으로 분석하는 5가지 경쟁 요인 모델을 제시했다.

야시로의 메모 5가지 경쟁 요인 분석

경쟁 요인	OTT 시장	배달 시장
신규 진입의 위협 [진입 장벽이 높은가?] 예: 투자 금액의 크기 등	X 높다 (거액의 투자가 필요)	○ 낮다 (적은 투자 금액으로 착수 가능)
기존 기업 간의 경쟁 [산업 내의 경쟁이 치열한가?] 예: 경쟁자 수 등	○ 그렇지 않다 (셀 수 있을 정도)	X 그렇다 (셀 수 없을 정도)
대체재의 위협 [타 업계의 대체품이 많은가?] 예: 타 업계의 동일 기능 등	○ 적다 (극장 상영 영화 등)	X 많다 (음식점 등)
구매자의 교섭력 [고객이 더 강한가?] 예: 에누리 등	○ 약하다 (고객 측 선택지 적다)	X 강하다 (고객이 비교해서 결정)
공급자의 교섭력 [자사가 더 강한가?] 예: 가격 인상 등	○ 강하다 (자사가 임의로 결정)	X 약하다 (시세를 비교해 결정)

"바로 그 말이야. 'OTT 시장'이 더 먹음직스럽지만 진입 장벽이 높아 들어가기가 어렵지. '배달 시장'은 경쟁이 심한 레드오션이지만, 자금이 부족한 도도 군이 손쉽게 진입할 수 있고. 그러니까 음식 배달 시장에서 구체적으로 무엇을 할 것인지 조금 더 다양하게 생각해봐야 하는 걸세."

"네, 야시로 선생님과 함께 구체적으로 만들고 싶어요!"

잠시 뜸을 들이던 야시로는 커피 잔을 조용히 탁자에 내려놓았다. 그 신중한 몸짓이 한 단락 마무리되었다는 느낌을 주었다.

"도도 군, 여기서 수업은 일단락 짓기로 하지. 지금까지 이야기한 스텝 1, 스텝 2, 스텝 3은 '전략 편'이네. 즉 리더인 도도 군이 결정해야 할 영역이야. 스텝 4 이후로는 '전술 편'으로, 여기서부터는 직원이 주체적으로 구상할 영역이네. 리더인 도도 군이 아니라 자네가 믿는 직원들이 설계하게 만드는 것, 이것이 전술 편에서 리더가 해야 할 몫이라네."

도도는 전략 편을 다 들었다는 뿌듯함과 함께 수업이 끝난 아쉬움에 휩싸였다.

"야시로 선생님, 알겠습니다. 한번 해보겠습니다. 그런데 스텝 4 이후로 궁금한 점이 있으면 다시 조언을 구하러 와도 될까요?"

"물론이지. 내가 만든 지비에 요리를 먹으러 오게나. 벌써 밤이 이슥해졌군. 침낭을 꺼내 올 테니 한숨 자고 가게. 일어나기 전까지 스텝 4의 요점을 메모해두지."

야시로가 침낭을 가지러 간 사이 도도는 자신의 메모를 세어보았다. 거의 50장에 달했다. 집중했던 탓인지 피로가 훅 덮쳐왔다. 야시로가 가져온 침낭을 난로 근처에 옮기고 들어가자 온기와 노곤함에 그대로 잠에 빠져들었다.

스텝 3 지도 그리기

도도가 선 무대의 대형 스크린에는 스텝 3이 띄워져 있다.

"스텝 3은 전략 편의 마지막 파트입니다. 선택지는 4개지만, 의사 결정의 무게감은 꽤 무거운 단계죠. 의사 결정을 위해 '스텝 1의 목표 설정', '스텝 2의 시장 파악'으로 일단 돌아가 봅시다. 스텝 1의 목표를 달성하는 데 스텝 2의 시장은 그대로 괜찮은 걸까요? 10배 목표를 설정하면 전략을 근본적으로 검토해야 합니다. 그런데 구체적으로 따져보면 결단을 내리기가 쉽지 않습니다. 그래서 개념적인 전략 중에서 방향성만 선택하는 것입니다. 잠깐 자신의 메모를 옆 좌석에 앉은 분과 공유하고 논의해보세요."

청중은 메모지에 매트릭스를 그려 옆자리에 앉은 사람과 공유했다. 적극적인 소통으로 인한 열기에 강연장이 들썩이듯

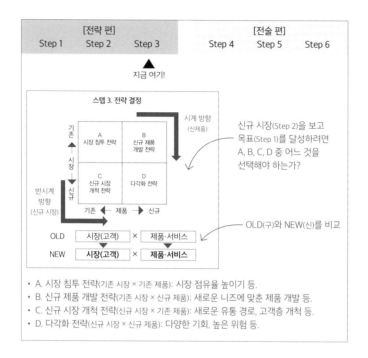

지금 여기!

스텝 3. 전략 결정

시계 방향 (신제품)

	기존 시장		
기존 시장	A 시장 침투 전략	B 신규 제품 개발 전략	
신규 시장	C 신규 시장 개척 전략	D 다각화 전략	
	기존 ← 제품 → 신규		

반시계 방향 (신규 시장)

신규 시장(Step 2)을 보고 목표(Step 1)를 달성하려면 A, B, C, D 중 어느 것을 선택해야 하는가?

OLD(구)와 NEW(신)를 비교

OLD	시장(고객)	×	제품·서비스
NEW	시장(고객)	×	제품·서비스

- A. 시장 침투 전략(기존 시장 × 기존 제품): 시장 점유율 높이기 등.
- B. 신규 제품 개발 전략(기존 시장 × 신규 제품): 새로운 니즈에 맞춘 제품 개발 등.
- C. 신규 시장 개척 전략(신규 시장 × 기존 제품): 새로운 유통 경로, 고객층 개척 등.
- D. 다각화 전략(신규 시장 × 신규 제품): 다양한 기회, 높은 위험 등.

달아올랐다.

10분이 지나자 도도가 다시 말문을 열었다.

"여러분, 한창 집중하고 있는데 죄송하지만 주목해주세요. 이제 스텝 3의 핵심을 알려드리겠습니다."

이윽고 술렁임이 서서히 사그라들었다.

"주목해주셔서 감사합니다. 이제 스텝 4부터는 전술 편입니다. 여러분이 이끄는 직원이 주체가 되죠. 이때 스텝 3의 결과를 전달해야 합니다. 무엇을 전달하는가 하면 '시장(고객) × 제품·서비스', 즉 전략입니다. 여기서 지금까지의 전략 올드

^{OLD}와 앞으로의 뉴^{NEW}를 대비해 왜 바꿔야 하는지 이유를 설명하세요. 전략을 상세히 설명할 필요는 없습니다. 그것은 스텝 4에서 직원이 직접 고민할 부분입니다."

강연장의 분위기가 긴장한 듯 고요해졌다.

"리더가 주어인 '전략 편'은 끝났습니다. 이제부터는 직원이 주어인 '전술 편'입니다. 일을 맡겨 움직이게 하고 지원하는 데 집중하시기 바랍니다."

이때 강연이 시작될 때 나타났던 여성형 안드로이드가 등장했다.

"강연장에 계신 여러분, 제1부 전략 편이 여기서 끝났습니다. 20분간 휴식 후, 제2부 전술 편이 시작됩니다."

강연장이 밝아지고 청중 대부분이 자리에서 일어나 카페나 화장실로 향했다. 도도는 깊이 고개 숙여 인사한 뒤, 휴식을 위해 천천히 무대 끝으로 걸어 나갔다.

후지필름의 전략

후지필름홀딩스는 후지필름의 모회사로 2019년 매출액은 2조 4,315억 엔. 일본을 대표하는 대기업이지만 치열한 전쟁에서 살아남은 변화무쌍한 생존자이기도 하다.

지금은 상상하기 힘들 정도로 오래된 이야기이지만, 디지털카메라가 출현하기 전까지는 매번 카메라에 필름을 넣어 촬영했다. 필름을 다 쓰면 필름을 빼내 사진관에 들고 가 현상한 뒤 인화한 사진을 받아 오는 과정이 당연했다.

당시 일본에서 필름 시장을 양분하고 있던 회사가 '후지필름'과 '코닥'이다. 코닥은 필름뿐 아니라 세계 최초로 디지털카메라 개발에 성공할 만큼 세계적인 기업이었다. 그런데 필름 사업의 성공 경험이 너무 강렬했던 탓에 필름 시장의 쇠퇴기 전략을 잘못 짰고, 결국 2012년 파산하고 말았다.◆ 후지필름도 코닥과 마찬가지로 필름 시장의 쇠퇴라는 파도를 정면에서 맞았다. 그러나 코닥의 파산과는 대조적으로 살아남아 계속해서 높은 실적을 내고 있다. 후지필름은 대체 무엇이 달랐을까? 그 답은 '변화무쌍한 3대의 화살 전략'에 있었다. 앤소프 매트릭스에 대입하면 그 모습이 아주 또렷하게 보인다.❖❖

앤소프 매트릭스: 후지필름의 사례

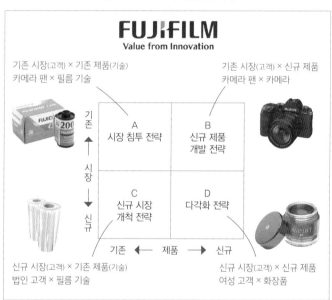

❖ 정식 명칭은 이스트먼 코닥(Eastman Kodak, 본사는 미국 뉴욕 주). 1881년 조지 이스트먼이 창업해 1990년대 카메라 시장을 장악하지만 2012년 파산한다. 그 후 2013년에 기업 규모를 축소한다.

❖❖ 매트릭스로 소개한 ABCD 전략이 반드시 시간 순인 것은 아니다.

A. 시장 침투 전략 (디지털카메라 출현 전야)

사진 필름 전성시대에는 '시장 침투 전략'이 주된 전략이었다. 일반 소비자를 대상으로 사진 필름을 판매했다. 그런데 디지털카메라의 출현으로 필름이 메모리카드나 하드디스크로 대체되면서 쇠퇴의 길을 걷게 된다. 코닥은 기존 시장에 매달리지만 후지필름은 다른 전략에도 도전한다.

B. 신규 제품 개발 전략

일반 소비자를 대상으로 카메라 판매를 개시한다. '체키'라는 이름의 인스탁스 즉석카메라에서 미러리스 디지털카메라까지, 카메라 팬fan을 대상으로 필름과는 다른 새로운 제품을 제공했다.

C. 신규 시장 개척 전략

사진 필름 시장 자체는 축소되었지만, 그 기술을 응용해 시장(고객)을 새롭게 개척했다. 일반 소비자에서 스마트폰이나 태블릿을 제조하는 기업 고객으로 타깃을 변경한 것이다. 후지필름은 스마트폰 디스플레이 등에 필요한 터치패널용 센서 필름인 '엑스클리어EXCLEAR'를 개발해 매출을 확대하고 있다.

D. 다각화 전략

2006년 다각화 전략을 구체화해 세상을 놀라게 만든 제품을 출시한다. 바로 일반 소비자, 그것도 여성을 상대로 한 기능성 화장품이다. '필름 제조'와 '화장품 제조'라는 동떨어진 업종을 이어준 것은 후지필름의 필름 기술이었다. 사진 필름의 주원료는 피부와 비슷한 콜라겐으로 구성되는데, 콜라겐 취급에 익숙한 후지필름이 항산화 기술을 헬스케어 상품으로 전환한 것이다.

앤소프 매트릭스에 호응하듯 다양한 전략을 구사한 후지필름은 과연 얼마만큼의 성과를 올리고 있을까? 일단 후지필름은 크게 세 부문에서 매출을 관리하고 있다.

- 이미징 솔루션(IS): 컬러필름, 디지털카메라 등
- 헬스케어 & 소재 솔루션: 의료 장비, 화장품, 의약품 등
- 문서 솔루션: 디지털복합기 등

디지털화가 진행되기 전 주력해온 사진 필름 사업은 '이미징 솔루션(이하 IS)' 부문에 속해 있다. IS 부문에는 사진 필름 사업 외에 카메라 사업도 들어 있어 순수하게 비교하기는 어려울 수 있으나, 일단 과거 18년간의 변화를 비교해보겠다.

STEP 3. 전략 결정

후지필름 IS 부문의 매출·점유율 비교

	2000년도	2018년도	증감률
IS 부문 매출	7,433억 엔	3,869억 엔	52%
전사 기준 IS 매출 점유율	54%	16%	30%
전체 매출	1조 3,834억 엔	2조 4,315억 엔	176%

출처: 후지필름홀딩스 제106기 및 제123기 유가증권보고서를 참고로 저자 작성.

이렇게 비교해보면, 주력 사업이었던 사진 필름 사업이 속해 있는 IS 부문의 매출과 점유율이 18년 사이에 대폭 감소한 것을 알 수 있다. 이 영역에 계속 매달린 코닥이 고전하다 파산에 이른 것도 무리는 아니다. 반면 후지필름은 IS 부문 이외의 2개 부문(헬스케어&소재 솔루션, 문서 솔루션)에도 손을 대고 있었다.

2018년 후지필름 매출의 3개 부문 점유율을 살펴보자.

이제 기존 주력 사업 이외의 2개 부문 매출 점유율이 80퍼센트가 넘는다. 이 사실을 보니 화살 1대는 쉽게 부러뜨릴 수 있지만, 한꺼번에 3대를 부러뜨리기는 쉽지 않다고 한 '화살 3대의 교훈'*이 떠오른다. 이렇게 화살 3대로 살아남은 후에도 '승리한 뒤 투구 끈을 졸라매라'는 교훈을 그대로 옮긴 것처럼, 후지필름은 다가올 전투를 주시하며 손을 늦추지 않았다. 헬스케어&소재 솔루션 부문의 일부인 '헬스케어'를 꺼내 들어 첫 번째 화살을 시위에 메기고, 매출 1조 엔이라는 과녁을 맞

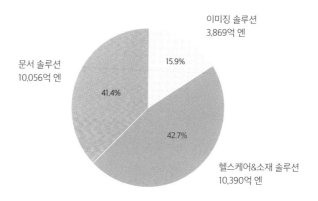

2018년도 후지필름 사업 부문별 매출 구성비

이미징 솔루션
3,869억 엔

15.9%

문서 솔루션
10,056억 엔

41.4%

42.7%

헬스케어&소재 솔루션
10,390억 엔

출처: 후지필름 홈페이지

힐 것이라고 공언한 것이다.

화살 1대만 손에 쥔 채 바꾸려 했지만 바꾸지 못한 패자와 화살 3대로 계속해서 살아남은 변화무쌍한 생존자의 싸움. 그 것은 불확실성이 높아지는 시대에서 끊임없이 변화할 줄 아는 능력의 중요성을 시사한다.

❖ 전국시대의 영주였던 모리 모토나리는 세 아들을 불러 화살을 하나씩 주며 부러뜨려보라고 했다. 그러자 세 아들 모두 쉽게 화살을 부러뜨렸다. 아버지는 다시 아들들에게 화살 3개씩을 주면서 한꺼번에 부러뜨려보라고 했다. 하지만 이번에는 누구도 화살을 부러뜨리지 못했다. 이 일화에서 나온 교훈으로, 단결의 중요성을 말한다.

THE ONE PAGE FUTURE MAP

제2부

직원이 실행하는 '전술'

등장인물 (다쓰야 직원)

- 히라노 마치코: 점장 (45세)
- 아오노 히로키: 구매 · 재고관리 담당 (49세)
- 미키하시 마사오: 이벤트 기획 담당 (38세)
- 오다 다케시: 시스템 · 고객분석 담당 (28세)
- 히라노 마도카: 고객 응대 담당, 히라노 마치코의 장녀 (22세)

♦ 책에 나오는 이야기는 창작물로, 등장인물은 허구의 인물이다.

STEP 4. **전술 검토**

잘게 쪼개서 전술을 검토하라

낭보와 속보
(2020년 12월 1일 화요일
@야시로의 오두막)

얼마나 잤을까. 야시로의 오두막에서 깊이 잠들었던 도도는 자꾸 울려대는 자신의 스마트폰 소리에 잠이 깼다. 9시를 조금 넘긴 시각이었다.

"네, 여보세요."

아직 잠에 취한 목소리로 도도가 대답하자 수화기 너머의 목소리가 밝은 목소리로 말했다. 카랑카랑한 목소리가 머리를 울렸다.

"안녕하세요─, 도도 님─! 레이와제일 신용금고의 다지마입니다─. 어제까지 연락드린다는 게 월말 작업에 정신이 없어서 늦었습니다, 죄송합니다─! 대출 신청하셨죠? 무사히 3,000만 엔 대출 승인이 통과되었답니다! 1주일 이내에 대출 실행해드리겠습니다!"

말끝을 이상하리만치 늘이는 담당자의 말투에 당황하고 있던 도도는 생각지도 못한 희소식에 벌떡 일어났다. 그 자리에서 정자세로 서서 머리를 숙이며 연신 감사 인사를 했다.

'좋았어. 뭔가 될 것 같아! 이 자금만 있으면 어떻게든 시간을 벌어 부활할 수 있어. 새로운 전략으로 승부를 보는 거야!'

난로의 장작불은 조금 전 야시로가 장작을 추가했는지 활활 타고 있었다. 잠기운이 싹 달아난 도도는 오두막을 둘러봤지만 야시로의 모습은 보이지 않았다. 어젯밤 야시로와 마주 앉았던 탁자를 보니 그곳에는 야시로가 남긴 노트 종이가 놓여 있었다. 노트에 붙은 포스트잇에는 이렇게 적혀 있었다.

도도 군에게

좋은 아침! 어젯밤에는 수고 많았네.

곤히 자고 있어서 깨우지 않았네.

나는 이제 사냥하러 나감세.

만약 어젯밤 이야기가 힌트가 되었다면 고안한 전략을 직원과

함께 실현해보게.

여기에 스텝 4의 요점을 메모해두었네.

어려운 일이 생기면 언제든 상담하러 오게나.

다음번엔 지금보다 성장한 모습으로 찾아올 도도 군의 모습이

벌써 눈에 선하구먼.

Good Luck Yashiro

평범한 쪽지였지만, 마지막 이모티콘이 마음에 걸렸다. 울음이 터질 것 같은 난처한 표정을 짓고 있었다.

'야시로 선생님도 나와 헤어지기가 아쉬웠나 보군.'

도도는 그렇게 해석하고는 오두막을 나왔다. 그리고 훗날 그 이모티콘에 담긴 야시로의 진의를 알게 된다.

"으아, 눈부셔."

오두막을 나서자 구름 한 점 없는 쾌청한 하늘의 태양이 눈부시게 그 일대를 비추고 있었다. 시간은 9시 반. 10시에 다쓰야의 문을 열기 위해 직원이 모여드는 시간이다. 차에 올라타 가게로 전화를 걸었다. 잠시 신호음이 울린 뒤 통화가 연결되자 도도는 속보를 알렸다.

"아, 여보세요. 접니다. 뜬금없지만 오늘은 가게 문을 닫고 긴급 회의를 열 겁니다. 조금 늦겠지만 직원들 모두 기다려주세요."

도도는 바로 차의 시동을 켰다.

주체성의 비결은
'질문'

비디오 대여점 '다쓰야 역전점' 매장은 역에서 언덕에 있는 아파트 단지로 연결되는 직선 길에 있었다. 역까지 30초면 갈 수 있는 뛰어난 입지였다. 널찍한 주차장을 갖춘 편의점을 개조한 매장은 3분의 2가 DVD나 CD 등의 소프트웨어를 진열하는 공간이고, 3분의 1이 직원 회의실 겸 휴식 공간이었다. 회의실은 6명이 앉을 수 있는 의자와 직사각형 테이블, 화이트보드만 있는 소박한 구조였다. 아침 10시부터 새벽 2시까지인 영업 시간은 기본적으로 정직원 5명이 로테이션으로 업무를 보고 있었다. 매달 1일은 가게를 열기 전에 월례회의가 열리기 때문에 직원이 모두 모이는데, 매번 5분 정도로 끝나는 형식적인 회의였다.

"문 열기 전 전화라니 웬일이야? 손님?"

미키하시 마사오(이벤트 기획 담당, 38세)는 전화를 받은 히라노 마치코(점장, 45세)에게 물었다.

"아니, 사장님이셔. 오늘은 가게 문 닫고 긴급 회의를 연다네? 갑자기 무슨 일이지?"

"뭐, 맨날 하던 대로 5분만 하고 끝나면 좋겠네."

쿨한 오다 다케시(시스템·고객분석 담당, 28세)가 툭 내뱉는다.

"혹시 우리 잘리는 거 아니에요?"

오사카 출신인 아오노 히로키(구매·재고관리 담당, 49세)가 농담으로 받아쳤지만, 되레 분위기가 싸해졌다. 매장이 총 3개였던 다쓰야의 전성기 때는 정직원 10명에 아르바이트생도 몇 명 있었다. 하지만 2개의 매장이 문을 닫는 동시에 아르바이트생 자리는 사라졌고, 그곳에 있던 정직원은 자신의 자리를 퇴직금과 맞바꾸며 실질적으로 해고되었다.

"어? 엄마! 아니 점장님. 저 여기 이제 막 취직했는데 잘리는 거예요?"

히라노 마치코의 딸 히라노 마도카(고객 응대 담당, 22세)가 갑자기 새파래져서 물었다.

"괘, 괜찮아. 내가 점장으로서 이 가게는 지킬 테니까. 사장님께도 확실히 말해둘게."

그렇게 대답하면서도 마치코의 얼굴은 굳어 있었다.

다쓰야 역전점의 직원 5명은 남자 3명, 여자 2명. 나이대도 성격도 제각각이지만, 각자의 부서에서 책임감 있게 일을 맡아 서로 존중하며 양호한 팀워크를 유지하고 있었다.

먼저 점장인 히라노 마치코. 미치코는 서양 영화 골수팬으로 수다 떨기를 좋아하는 평범한 주부 같은 이미지지만, 책임감과 근성이 강하고 도도를 아주 잘 이해하는 사람이다.

최연장자인 아오노는 오사카 변두리 출신으로 인정파다. 40세까지 탐정 일을 했던 괴짜로, 도도가 그의 조사 실력을 높이 사서 매장 물건 조사, 구매, 재고관리, 연체자 독촉 등을 맡기고 있다.

미키하시는 동네에서 축제가 열리면 앞장서는 리더 같은 존재로, 밝은 성격의 분위기 메이커다. 사고가 유연하고 사교적인 면도 있어서 이벤트 기획, POP 광고물 작성 등을 담당하고 있었다.

오다는 대학원에서 시스템공학 박사학위를 딴 인텔리다. 쿨하고 말수가 적은 편인데, 무슨 일인지 정반대 타입인 미키하시와 마음이 맞는 듯 그의 고객분석 결과를 바탕으로 미키하시가 이벤트를 진행하면 뛰어난 성과를 내는 명콤비다.

나이가 가장 어린 마도카는 점장인 마치코의 장녀로, 대학교 1학년 때부터 아르바이트로 일손을 도왔다가 졸업과 동시에 어쩌다 보니 직원이 되었다. 다쓰야에서 최연소이자 커다란 안경을 걸친 싹싹한 모습 때문에 다쓰야의 마스코트 자리를 굳건히 지키고 있었다. 왕성한 호기심에 스마트폰 검색이 취미다. 바로 그 마도카가 회의실에서 기다리는 4명에게 커피를 내주고, 늘 고객을 맞이하는 카운터에서 주차장을 주시하고 있었다.

드디어 도도의 차가 도착했다. 차에서 내린 도도의 얼굴은 멍한 데다 묘하게 낯빛이 창백했다. 매장 입구 근처에 서서 주머니에서 꺼낸 메모에 몇 번이고 눈을 떨어뜨리고, 가게로 들어오기를 주저하고 있는 듯 보였다. 하지만 이내 결심한 듯 눈매에 힘을 주며 가게로 들어왔다. 회의실에 들어오자 도도는 애써 큰 소리로 인사했지만, 그 모습이 회의실 공기를 한층 더 무겁게 만들었다. 해쓱한 도도의 입에서 나온 목소리가 상기되어 있었기 때문이다. 게다가 그는 마음을 진정시키려는 듯 거칠게 심호흡을 하고 있었다.

무거운 정적이 이어졌다. 정적을 참지 못하고 단도직입적으로 추궁해 들어온 것은 아오노였다. 아오노는 일찍이 뛰어난 탐정이었기에 낌새로 도도가 극도로 긴장하고 있다는 것을 간파했다.

"사장님, 가게 문을 닫고 긴급 회의라니 중요한 일인가 봅니다. 이 가게 접고 저희는 잘리는 건가요?"

직원 5명의 시선이 도도에게 모두 쏠렸다. 손을 크게 내젓는 도도의 입에서 나온 것은 직원의 예상을 완전히 뒤엎는 말이었다.

"아니, 그런 게 아니에요! 오늘은 모두에게 부탁이 있어서요. 앞으로도 함께 일해주시고 힘을 보태주세요. 그 말을 하고 싶어서 모이라고 한 거예요."

직원들은 어리둥절해서 눈빛을 교환했지만, 해고 선언이 아니라는 것을 깨닫자 회의실의 공기가 살짝 누그러졌다.

아오노는 의아해하며 다시 추궁했다.

"아니, 그런 얘기라면 가게 문까지 닫으면서 할 필요는 없지 않나요?"

도도의 거친 호흡은 이제 가라앉기 시작했다.

"아오노 씨, 그리고 모두 잘 들어주길 바랍니다. 다시 한 번 말하지만, 앞으로도 함께 일해주기를 바랍니다. 물론 해고 같은 건 없고 앞으로 월급 걱정 따위는 할 필요가 없습니다."

오늘 아침 긴급 대출이 승인되었기에 할 수 있는 허세였다.

"다만, 중요한 얘기가 있습니다."

크게 심호흡을 한 뒤 도도가 입을 뗐다.

"대여점으로서의 다쓰야는 올해 안에 완전히 종료하고, 한 달 뒤인 새해부터는 새로운 사업을 시작할 겁니다. 그래서 이렇게 말한 거예요. 힘을 보태주세요."

도도는 힘 있게 고개를 숙였다. 신중하게 모습을 지켜보던 오다가 물었다.

"사장님, 그러면 새로운 사업이란 건 도대체 뭘 말하시는 거예요?"

도도는 야시로에게 받은 요점 메모를 머릿속에 그렸다.

하나. 기본 방침 설명

기본 방침으로서 새로운 전략에 이르는 '배경'과 '목적'을 충분히 설명할 것.

"오다 군, 새로운 사업이 무엇인지를 이야기하기 전에 배경과 목적을 잘 들어줘요. 일단 이렇게 된 배경부터 짚고 넘어가겠습니다. 사실 다쓰야의 형편은 지금 말이 아니에요. 미키하시 군이 진행한 이벤트 덕분에 일시적으로 매출이 올랐지만, 매년 줄어드는 고객을 막지는 못하는 상황이죠. 그 원인이 무엇일까 따져보니 우리가 하고 있는 대여 사업이 OTT 사업에 대체되고 있다는 결론에 이르렀어요. 하지만 손도 쓰지 못하고 이대로 허망하게 끝낼 순 없죠. 그래서 현재 연매출의 10배 확대를 목표로 새로운 사업으로 방향을 돌리려고 합니다."

어안이 벙벙해진 마치코가 현실적인 점장의 입장에서 질문했다.

"오다 군의 질문에서 이어지는 건데요, 10배로 확대한다는 새로운 사업이란 게 뭡니까?"

도도는 '질문을 중요시할 것'이라는 야시로의 메모를 떠올렸다.

스텝 4 요점 메모

둘. 주체성을 높이기 위한 질문

리더는 '대답'보다 '질문'을 중요시할 것.

직원이 주체성을 갖게 하는 구조는 '질문'에 있음.

질문 후의 선택지는 '시각화'하면 논의가 원활히 진행된다.

"그 부분을 다 같이 고민해보고 싶어요. 이대로 두면 다 굶어 죽을 겁니다. 이 상태에서 빠져나가기 위해 10배 목표를 설정하면 2가지 길이 나옵니다. 하나는 '지금 있는 대여 상품'을 '다른 마을의 신규 고객'에게 파는 것. 다른 하나는 '완전히 새로운 상품'을 '우리 마을의 기존 고객'에게 파는 것. 어느 쪽으로 가면 좋을지 여러분의 의견을 듣고 싶습니다."

청천벽력 같은 이야기에 직원들은 입을 다물고 있었다. 도도는 야시로와의 수업에서 새로운 전략을 '고객 데이터베이스를 활용한 식품 배달 사업'으로 결론지은 상태였다. 그 결론을 말하고 싶어 입이 근질거렸지만 일단은 꾹 참았다. 지금 그 결론을 입 밖에 냈다가는 직원의 주체성을 빼앗고 직원이 납득하지 못하는 강압적인 전략이 되기 때문이다. 속으로 '참자 참자'를 되뇌었다.

도도는 묵묵부답인 직원들을 보면서 야시로가 매번 노트에 무언가를 적어 도도의 사고 정리를 도와주었던 것을 떠올렸다.

'이쯤에서 시각화를 해볼까?'

도도는 회의실 화이트보드에 2가지 선택지를 적었다.

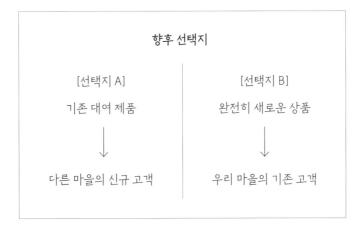

효과는 즉각 나타났다. 화이트보드를 주시하고 있던 직원 중 미키하시가 말문을 뗐다.

"이건 제 개인적인 의견인데요. 어차피 할 거면 저는 오른쪽 선택지인 B의 완전히 새로운 상품에 도전하고 싶어요. 그쪽이 재밌을 것 같은데요?"

밝은 어조의 미키하시의 의견에 몇 사람이 끄덕였다.

"아니, 그런데요, 이벤트 담당으로서 한마디 덧붙이자면 지금까지는 성과를 내려고 노력해왔지만, 사장님이 말씀한 것처럼 대여 사업은 이제 다른 마을로 가도 안 될 거예요. 영화는 넷플릭스나 아마존 프라임 비디오로 감상하는 시대가 됐으니까요."

미키하시의 정곡을 찌른 의견에는 모든 사람이 끄덕였다. 마치코가 미키하시의 얼굴을 빤히 들여다보았다.

"그런데 미키하시, 그럼 새로운 상품은 뭘 해야 하는 거죠?"

팔짱을 끼고 천장을 응시하고 있던 미키하시가 오다의 얼굴을 힐끗 쳐다본다.

"우리에게는 오다가 관리해온 자랑스러운 고객 데이터베이스가 있잖아요. 고객의 성별, 나이, 주소, 구매 이력, 방문 시간 등 1만 명분이 잔뜩 쌓여 있어요. 그걸 활용해서 무언가를 파는 거죠. 예를 들어 식품 배달 사업이나 통신판매업 같은 거라든지."

"우와, 식품 배달이라니 잘될 것 같은데! 재밌을 것 같아!"

천진난만하게 기뻐하는 마도카를 마치코가 매섭게 노려본다.

"마도카, 그렇게 간단한 문제가 아니야. 우리에겐 음식업이나 통신판매업 노하우 같은 게 없잖아!"

엄마인 마치코의 말 따위는 전혀 귀에 들어오지 않는지 마도카가 스마트폰을 만지작거렸다.

"이것 봐요, '근처', '배달'로 검색하니까 피자, 초밥, 카레 배달이 나왔어요. 여기가 경쟁업체겠는데요?"

아오노가 마도카의 스마트폰을 들여다본다.

"오, 마도카, 다 괜찮아 보이는데? 사장님, 이제 점심시간 다

됐는데, 어떠세요? 피자랑 초밥, 카레 배달 한번 시켜볼까요? 물론 회사 경비 처리로 괜찮으시죠?"

도도는 쓴웃음을 지었다.

"알았어요. 이것도 마케팅 조사의 일환이니까. 다들 원하는 음식을 마음껏 시키도록 해요! 전부 회사에서 부담할 테니."

"예! 사실 벌써 스마트폰으로 몇 군데 주문 넣었습니다!"

마도카의 맹랑한 솜씨에 직원들은 웃음을 터뜨렸다.

전술 프레임
5요소

피자와 초밥, 카레에 중화요리, 파스타, 유기농 도시락까지 여러 종류의 음식이 배달되었다. 직사각형 테이블에 한가득 늘어놓고 다 같이 식사를 시작했다. 아오노가 초밥을 한입 가득 집어넣고 이야기했다.

"근데 다 같은 배달이지만 서비스는 제각각이네. 배달 속도, 배달 방법, 결제 방식, 물티슈 유무, 다음 배달로 이어지는 쿠폰 유무, 전부 달라. 사장님, 이거 진짜 마케팅 조사가 되는데요?"

아오노가 말한 그대로였다. 실제로 고객의 시선에서 비교해보니 배달 사업자의 장단점이 한눈에 들어왔다. 택시 배차 서비스 '우버Uber'를 응용한 음식 배달 서비스인 우버 이츠Uber Eats는 일반인이 배달원으로 등록한 뒤 원하는 시간에 음식점의 요리를 주문자에게 배달하는 서비스로, 스마트폰 조작이

직관적이라 편리했다. 배달은 빠르면 20분, 늦으면 1시간이 초과되었다. 현금 결제만 가능한 곳이 있는가 하면 카드나 스마트폰 결제가 가능한 곳도 있었다. 다음 주문을 유도하는 쿠폰을 준비해 재주문 대책을 세워둔 곳이 있는가 하면 전혀 준비하지 않은 곳도 있었다. '경쟁자는 분위기로 감지하라'고 야시로 선생님이 가르쳐준 그대로였다. 도도는 자신이 미리 생각해둔 '식품 배달 사업'으로 흐름이 쏠리는 것을 내심 기뻐하면서도 직원의 주체성을 위해 그 의견을 함부로 꺼내지 않았다.

"이야, 오랜만에 다 같이 식사하니 맛도 좋고, 무엇보다 공부가 되네요. 게다가 오다 군이 완성한 우리 가게의 자랑인 고객 데이터베이스를 활용한 식품 배달 사업도 나쁘지 않고요. 다 먹고 나면 그쪽을 조금 더 상세히 검토해보죠."

도도는 야시로의 메모 뒷부분을 떠올리며 5가지 요소를 화이트보드에 적었다.

스텝 4 요점 메모

셋. 전술 프레임 제시

전술은 아래 5가지 요소를 제시하고 직원이 생각하게 만들어라.

- 고객(Customer)
- 상품(Product)

- 가격(Price)

- 유통(Place)

- 판촉(Promotion)

리더는 조언, 승인에 집중할 것.

"여기에 적은 5가지 요소를 함께 생각해보세요. 사실 저도 한 스승님과 공부하다 최근에 배운 것인데, 핵심은 2가지입니다. 우선 맨 처음에는 '고객'입니다. 피터 드러커가 '사업의 목적은 고객 창조다'라고 했듯이 제일 먼저 '고객'을 정의해보죠. 그다음은 마케팅 4P입니다. Product, Price, Place, Promotion으로 구성된 마케팅 4P는 마케팅 믹스라고도 하며, 1960년 제롬 맥카시Jerome McCarthy가 처음 소개했죠. 상품, 가격, 유통, 판촉, 이 네 단어의 앞글자 P를 딴 4요소를 구체화해보세요."

"어이쿠, 도도 선생님! 잘 부탁드립니다!"

화이트보드 앞에 선 도도를 두고 아오노가 농담을 건넨다. 물론 나쁜 뜻은 없다.

"아니, 아오노 씨. 여기서부터 저는 물러나 있을게요. 그 대신 다 함께 주체적으로 고민해보세요. 누구 한 사람이 여기서 이끌어주면 좋겠는데, 마치코 점장님, 괜찮으시겠어요?"

마치코는 안경 저 깊숙이 있던 눈을 번쩍 뜨며 '내가?' 하고 말하는 듯 자신을 가리킨다. 마도카가 등을 슬쩍 밀어 화이트보드 앞에 세운다.

"그럼 익숙하지는 않지만 점장으로서 해보겠습니다!"

그러고는 오른손을 이마에 대고 경례 자세를 취했다.

"일단 고객부터 시작해볼까요? 고객은 누구로 정할까요?"

일동이 입을 다무는 것을 보고 도도는 느꼈다. 고객 정의가 첫 번째라고 야시로 선생님에게도 배웠지만 이 부분이 가장 어려운 것 아닐까. 다만 어떻게 진행되는지 지켜볼 수밖에 없었다.

"그러고 보니 오다, 아까 배달 음식 잘 안 먹는 것 같던데, 무슨 일 있어? 입맛에 안 맞았나?"

미키하시가 오다를 걱정했다.

"아뇨, 조금 먹었어요. 그런데 제가 요즘 식이 제한 중이라 탄수화물을 피하고 있거든요."

오다는 호리호리하게 마른 체형이다. 요즘만 식이 제한을 한다기보다 정기적으로 단식하는 게 일상이었다. 그리고 당질을 최대한 자제하고 있어서 파스타, 초밥 등의 탄수화물은 피하고 있었다.

마도카가 오다의 의견에 공감했다.

"오다 씨가 무슨 말 하는지 알겠어요. 저도 탄수화물 끊으면 좋겠는데, 쌀밥 러버라 끊기가 쉽지 않네요. 아까도 맛있어서 과식했지 뭐예요. 그만 먹고 싶은데 그만둘 수가 없어요!"

"점장님, 고객의 정의를 모르겠는데 아까 점심 배달에서 느
낀 걸 말해도 될까요? 배달 음식은 확실히 탄수화물밖에 없었
잖아요. 그런데 당질 제한 유행으로 탄수화물을 자제하는 사
람은 늘었어요. 여기에 사업 기회가 있는 건 아닐까요?"

마치코가 미키하시의 의견을 화이트보드에 적었다.

고객: 살은 찌고 싶지 않지만 맛있는 음식을 먹고 싶은 사람.

그것을 본 아오노가 바로 끼어들었다.

"이게 뭐예요. '살은 찌고 싶지 않지만 맛있는 음식을 먹고
싶은 사람'이라니, 지구가 나를 중심으로 돌아가는 손님 아니
에요?"

모두 웃음을 터뜨렸다. 점심 식사 후 1시부터 시작한 회의
는 부드러운 분위기에서 활기를 띠기 시작했다. 도도는 어젯밤
오두막에서 샤워를 하지 않았다는 사실을 떠올리고는 저녁나
절에 돌아오겠다며 회의 진행을 마치코에게 맡기고 일단 자리
를 떴다.

직원이 낸 전술
반려하기

샤워 후 잠깐 눈을 붙이고 일어났더니 바깥에는 어둠이 깔려 있었다. 저녁 6시가 지나 가게로 돌아온 도도가 회의실 쪽으로 다가가자 웃음소리가 크게 들려왔다. 노크를 하고 회의실에 들어가니 화이트보드 앞에는 마치코가 아니라 미키하시가 분위기 메이커답게 열정적으로 진행하고 있었다.

"사장님, 오셨어요. 다들 의욕이 넘쳐서 아이디어를 이렇게나 많이 냈답니다!"

미키하시가 화이트보드를 도도 쪽으로 돌렸다.

도도는 화이트보드를 흘낏 보고서 뭔가 잘못됐음을 직감했다. 도도의 어두운 표정 따위는 아랑곳하지 않고 미키하시가 신이 난 듯 설명을 이어갔다. 그렇게 끝없이 이어질 것 같은 프레젠테이션을 도도가 가로막았다.

다쓰야의 신규 사업: 맛있는 저당식低糖食 배달	
• 고객	명절 음식은 먹고 싶지만 살은 찌고 싶지 않은 사람
• 상품	저당 명절 음식 3일분
• 가격	배달료 포함 1만 엔(세금 별도)
• 유통	·아르바이트생 오토바이 배달 ·배달 주문은 전화, 웹사이트, 스마트폰으로 접수
• 판촉	·조기 예약 혜택, 개별 메일 ·방문 포장 할인, 주차장을 포장마차화

"미키하시 군, 잠깐만요. 기껏 열 올리며 설명하는 중간에 미안한데, 솔직히 걸리는 게 한둘이 아니에요.

첫째, 설 명절 요리는 일회성 니즈라 지속성이 없어요.

둘째, 고객 타깃이 모호합니다. 너무 광범위해요.

셋째, 시간 맞추기가 어려울 거예요. 명절 요리 주문 마감이 크리스마스 후라고 해도 앞으로 한 달도 채 안 되잖아요. 폐점 안내와 병행할 수 없을 것 같은데요.

넷째, 인적·물적 자원. 요리사는 어떻게 하죠? 배달 아르바이트생도 써야 할 텐데 그 부분에 할애할 경비가 없어요.

이런 의구심에 대한 반론이 있다면 설명을 듣고 싶군요."

밝았던 회의실 공기가 한순간에 찬물을 끼얹은 듯 가라앉았다. 언제나 밝은 미키하시도 어깨가 축 처졌다. 아오노가 팔짱을 끼면서 웬일로 진지하게 이야기를 꺼냈다.

"음, 살짝 억울하긴 하지만 사장님 말씀이 맞는 것 같네요. 반론할 수 있는 게 없네요. 우리끼리 너무 흥분했나 봐요. 다들 어떠세요? 오늘은 이쯤에서 마치고 내일 다시 한 번 시작해볼까요?"

점장인 마치코가 사태를 수습했다.

"사장님, DVD 반납 박스만 열어두고 내일도 가게를 쉬는 게 어떠세요? 내일모레는 폐점 안내 문구를 붙이겠습니다. 다들 내일도 아침 10시부터 회의 시작해도 되겠지? 좀 더 깊이 생각해보자고. 저희끼리 충분히 고민해볼 테니 사장님은 내일 저녁 무렵에 다시 와주세요."

그 말을 끝으로 회의를 마쳤다. 기껏 주도적으로 생각해낸 구상에 찬물을 끼얹었더니 달아올랐던 분위기가 가라앉고 말았다. 도도는 입이 씁쓸했다.

'잘한 걸까? 아냐, 현실은 더 냉혹하다고. 잘한 거야.'

그렇게 자문자답을 반복하면서 직원들이 돌아간 자리의 커피 잔을 정리해 자그마한 부엌으로 들고 갔다.

그때였다. 부엌 옆에 초 4개가 꽂힌 작은 케이크가 있었다. 케이크 가운데 '사장님! 40번째 생신 축하드립니다'라고 적힌 작은 팻말이 보였다. 케이크 옆에는 초에 바로 불을 붙일 수 있게끔 라이터가 놓여 있었다.

이런 서프라이즈는 늘 미키하시 담당이었다. 아마도 조금 전 프레젠테이션을 밝은 분위기에서 끝낸 뒤, 회의실에서 깜짝 생일파티를 하려고 미리 준비해둔 게 틀림없었다. 그 생각이 들자 도도의 눈에서 눈물이 핑 돌았다. 지금까지의 24시간이 짧은 영화처럼 머릿속을 스쳐 지나갔다.

암울한 숲에서 홀로 목숨을 끊으려고 했던 절망감. 아늑한 오두막에서의 야시로 선생님의 가르침. 유난히 말끝을 길게 빼던 카랑카랑한 목소리의 신용금고 담당자. 아침에 불안해 보이던 직원들의 얼굴. 해질녘 들떠서 기뻐하던 그들의 표정. 시간을 들여 깜짝 생일파티를 준비했던 그들의 다정함. 질책에 어깨를 늘어뜨렸던 그들의 얼굴.

지금 드는 이 감정이 목숨을 부지했다는 안도감인지, 직원을 질책해서 오는 자책감인지 알 수 없었다. 도도는 홀로 남겨진 회의실에서 어깨를 떨며 소리 내어 울었다.

직원이 낸 전술
승인하기

다음 날 도도는 마치코가 정한 저녁 시간까지 기다리지 않고 오후 3시가 지나 가게에 도착했다. 몇 시간을 울었던 탓에 눈도 붓고, 밤중에 케이크를 혼자 다 먹어 얼굴도 부어 있었다. 하지만 그보다 직원들의 사기가 마음에 걸렸다. 어젯밤 지적으로 직원들의 의기소침한 얼굴을 상상했는데, 기우였다. 회의실에서 밝은 웃음소리가 새어 나왔다. 오늘도 미키하시가 화이트보드 앞에 서서 회의를 진행하고 있었다.

"오, 사장님, 예정보다 빨리 오셨네요! 하루 지난 생일 축하드립니다!"

직원들의 뜨거운 박수 소리가 회의실을 울렸다.

"그리고 사장님, 어제 다 같이 먹으려고 케이크를 준비해놨는데 없어졌더라고요. 알고 계세요?"

미키하시가 능글능글 웃었다.

"아, 모두 고마워요! 어젯밤 너무 기뻐서 밤중에 혼자 다 먹어버렸죠. 그런데 밤중에 단 거는 좀 그래요. 이렇게 얼굴이 퉁퉁 붓잖아요."

울어서 눈이 부은 것을 들키지 않으려 도도가 변명했다.

"사장님, 저희도 케이크 기대했다고요. 그래서 마도카한테 새로 케이크 배달 부탁했습니다. 케이크 배달 조사니까 이건 경비 처리해도 되죠?"

아오노의 평소와 같은 말투에 분위기가 누그러졌다.

얼마 지나지 않아 마도카가 고른 배달 케이크로 하루 지난 조촐한 생일파티가 시작되었다. 한편 화이트보드에는 어제와는 다른 플랜이 적혀 있었다.

다쓰야의 신규 사업: 저당 피자 푸드트럭	
• 고객	체중 걱정 없이 갓 구운 피자를 먹고 싶은 사람 (아침저녁: 직장인, 점심: 주부 및 시니어층)
• 상품	직접 만드는 갓 구운 저당 피자
• 가격	검토 중
• 유통	· 아침과 저녁: 푸드트럭 @다쓰야 주차장 · 점심: 푸드트럭 @아파트단지 공개 공지
• 판촉	· 주차장 전체 활용, SNS 공유 할인 · 파티 혜택, 개별 이메일, 재구매 할인

"그럼 사장님, 다시 다잡고 프레젠테이션하겠습니다. 어제는 저 혼자 주절대다 실패한 것 같아 프레젠테이션 방법도 바꿔봤습니다. 5가지 항목이라 저희 5명이 모두 프레젠테이션하겠습니다."

그렇게 말하고 미키하시는 자리에 앉았다. 선두 타자는 아오노인 듯했다.

"사장님, 그럼 저부터 시작해보겠습니다. 먼저 '고객'입니다. 피자 좋아하는 사람은 엄청 많잖아요. 그런데 피자는 칼로리가 높죠. 이걸 신경 쓰는 사람을 타깃으로 삼으면 어떨까 생각했습니다. 구체적으로 아침저녁은 출퇴근길 직장인입니다. 집으로 가는 길에 우리 가게에 들르다 보니 많은 직장인이 슈퍼나 편의점 봉투를 들고 있더라고요. 그걸 보면 이 고객층은 견고하다고 봅니다. 점심 시간 때는 아파트 단지의 주부나 시니어층을 노리는 작전입니다. 자, 다음은 오다 군, 부탁해."

오다가 배턴을 받았다.

"이제 '상품'입니다. 앞서 말한 고객을 타깃으로 '직접 만드는 갓 구운 저당 피자'를 개발합니다. 포인트는 3가지입니다. 첫 번째는 피자 생지를 두부나 콩비지의 저당 소재로 만드는 것이고요. 두 번째는 우리가 준비한 재료를 고객이 직접 고르고, 직접 피자 화덕에 넣어 굽는 것입니다. 고깃집처럼 사람 손이 갈 필요가 없는 시스템이죠. 셀프서비스에 가까우니 요리사도 필요 없게 되고요. 세 번째는 이동식 화덕입니다. 이동식으로 준비하면 우리 가게 주차장이든 아파트 단지 옆으로 이동하든 어디서든 갓 구운 피자를 제공할 수 있습니다."

"네? 피자 화덕을 이동한다고요? 그게 어떻게 가능하죠?"

아무리 도도라도 이번에는 중간에 끼어들 수밖에 없었다.

"자, 오다 군 대신에 이번에는 저 미키하시가 이어받겠습니다. 사장님, 뜨거운 반응 감사합니다. 화덕이라고 하면 가게에 설치된 묵직해 보이는 이미지가 떠오르죠. 절대 이동할 수 없을 것 같은 모습으로요. 이게 실은 말이죠, 착각에 가까운 '사실 오인'이에요. 소형 옷장 정도 크기의 화덕이 있는데, 그건 바퀴가 달려서 손수레처럼 움직일 수 있어요. 푸드트럭에 싣는 것도 가능하고요. '화덕에 갓 구운 피자는 피자 전문점에서만 먹을 수 있다', 이런 고정관념을 아주 가볍게 깨부술 수 있는 거죠. 친구들끼리 캠핑 갈 때 이동식 화덕을 가져가서 먹어 봤는데 매번 좋다고 난리더라고요. 고객 만족은 이미 검증 끝이에요."

"미키하시 씨, 설명 고마워요. 이 상품을 제공하면 고객에게 높은 만족감을 제공할 수 있습니다. '따끈따끈하게 갓 구운', '토핑은 내가 좋아하는 재료로만', '살찌지 않는다', 이 3가지가 고객의 3대 메리트입니다. 그리고 우리는 높은 이익률을 기대할 수 있죠. '조리하는 품이 들지 않고', '회전율이 높고', '매장이 필요 없으니 장소를 가리지 않는다', 이것이 3대 메리트입니다."

'논리^{logic}의 오다'와 '직감^{inspiration}의 미키하시'의 프레젠테이션은 그야말로 청산유수였다. 도도는 놀라서 말문이 막혔다. 사장으로서 따져 물을 부분을 발견하지 못했다. 그도 그럴 것이 아이디어가 탄탄했다. 미키하시와 오다가 명콤비인 이유를 알 것 같았다. 반면 세 번째 주자인 마치코 점장의 프레젠테이션은 아직 아무런 준비가 되지 않은 상황이었다.

"음, 이제 '가격'은 제 담당인데요. 사장님, 죄송합니다. 이 부분은 논의가 전혀 이뤄지지 않았어요. 피자 시세가 어느 정도인지, 원가를 어느 정도로 잡아야 하는지 책임지고 확실하게 알아보겠습니다."

책임감이 강해 허튼소리를 하지 않는 마치코의 대답은 그것대로 도도를 안심시켰다. 네 번째는 마도카였다.

"저는 '유통'을 설명해보겠습니다. 일단 아침과 저녁은 직장인이 타깃입니다. 역이 기점이 되므로 역에서 30초 걸리는 입지를 활용해 이곳 주차장에 푸드트럭을 준비합니다. 점심 시간에는 주부가 타깃이므로 언덕 위 아파트 단지로 푸드트럭을 옮깁니다. 푸드트럭과 화덕의 경비가 얼마인지, 우천 시 대책은 어떻게 세울 것인가가 앞으로 해결해야 할 과제입니다."

마지막은 미키하시의 차례였다.

"이제 '판촉'인데요, 3단계로 나눠 실시합니다. 가게 방문 전인 모객 시기에는 개별 이메일, 폐점 안내 엽서로 고지하고, 가게 방문 시에는 SNS를 중심으로 공유 이벤트 등을 실시합니다. 가게 방문 후에는 다음 방문 때 쓸 수 있는 쿠폰을 발행할 예정이고, 음, 이 부분은 진행하면서 또 계속 고민해보겠습니다. 아무튼 이 푸드트럭 사업은 분명히 유행할 거예요, 성공할 거라고요! 제 직감은 틀린 적이 없거든요. 아, 그리고 오픈일 쿠폰 이벤트도 구상 중인데, 이건 나중에 다시⋯."

씩씩하게 시작한 미키하시의 흐지부지한 마무리가 마음에 걸렸지만, 그렇게 직원이 모두 나선 전술 프레젠테이션이 끝났다. 가격 설정 부분이 아예 누락되고, 스케줄, 예산안, 동시에 진행해야 할 폐점 안내 등 세부 사항에서 걸리는 점들이 있었지만 도도는 직원들의 예상치 못한 열정에 감동했다.

야시로의 수업 시간에 스스로 평가한 4가지 전략을 떠올렸다. 그때 도도가 선택한 것은 가장 높은 점수를 얻은 '신규 시장 × 신규 제품의 다각화 전략'이었다. 직원들이 내놓은 안과 근접한 것은 가장 낮은 점수를 얻은 '기존 시장 × 신규 제품인 신규 제품 개발 전략'이었다.

여기서 도도에게는 2가지 선택지가 있었다. 하나는 '도도의 전략'을 우선하고 '직원의 전술'을 변경한다. 다른 하나는 '직원의 전술'을 우선하고 '도도의 전략'을 철회한다.

'야시로 선생님이라면 어느 쪽을 선택했을까?'

이런저런 생각이 머릿속을 스치는데 '본인이 정해야 한다'라는 가르침이 떠올랐다. 도도는 '직원의 전술 방안'을 우선하는 결단을 내렸다. 그들의 프레젠테이션에 수긍이 갔기 때문

STEP 4. 전술 검토

이다. 배달 시장이 성장하고 있다는 것은 이미 조사가 끝난 사항이고, 직원들의 프레젠테이션에 위화감을 느끼지 못했으며, 예상보다 제품 개발 비용이 크지 않을 것이라는 점, 어젯밤의 지적이 개선되었다는 점이 이유였다.

"모두 어제오늘 사이에 여기까지 진행하다니 대단해요. 아직 가격 설정 등의 과제가 남아 있지만 일단 이걸로 마음을 정하고 시작해볼까요?"

직원 몇 명이 나지막하게 저음으로 "오오" 하고 호응했고, 조심스러운 박수 소리가 회의실에 울렸다. 마치코가 진지한 얼굴로 다시 도도를 마주했다.

"사장님, 이번 달 내로 재고 처분을 위해 폐점 세일을 준비하겠습니다. 신규 사업 준비도 동시에 진행하고요. 신규 사업 개시 예정일은 명절 분위기가 끝나는 2021년 1월 11일 공휴일, 즉 성년의 날(일본의 경우 1월 둘째 주 월요일이 성년의 날. - 옮긴이)이 어떨까 싶습니다. 시간은 빠듯하지만 집중해서 끝내보겠습니다. 그리고… 미키하시 군, 그건 지금 꺼내는 게 어때?"

머뭇거리고 있던 미키하시가 결심한 듯 도도에게 가볍게 눈인사를 보냈다.

"사장님, 제가 아이디어가 하나 있는데 판촉 담당으로서 해보고 싶은 게 있습니다! 오픈일이 성인식이 열리는 날이거든요. 그래서 제안하고 싶은데, 성인식을 마치고 돌아가는 사람들에게 축하의 의미로 공짜로 특제 피자를 먹어볼 수 있는 이벤트를 실시하면 어떨까 합니다. 공짜인 대신 젊은이들의 입소문 파워를 한번 확인해보고 싶다는 목적도 있는데요, 무엇보다 고객이 웃고 기뻐하는 얼굴을 보고 싶습니다!"

제안을 마친 미키하시가 고개를 숙였다.

미키하시는 어제 도도가 언급한 아르바이트생 경비와 무료 이벤트 경비 때문에 골머리를 앓았을 것이다. 계속 고개를 숙이고 있는 미키하시를 보면서 도도는 머리를 굴렸다. 다쓰야에서 DVD를 빌리는 고객은 집에서 영화를 감상하면서 울고 웃고 감동하는 등 감정의 요동을 느끼고 싶어서 돈을 낸다. 그런데 고객의 얼굴을 보면 DVD를 빌리러 올 때나 반납할 때나 한결같이 무표정했다. 웃는 얼굴을 본 적이 없었다.

고객을 기쁘게 하고 싶다는 미키하시의 바람은 어젯밤 생일 케이크에서도 충분히 전해졌다. 도도는 '다음 사업은 고객의 표정을 밝게 만드는 것, 이것을 사업의 주축으로 삼아야겠다'라는 생각이 강하게 들었다.

"재밌군요. 한번 해봅시다!"

이번에는 직원 모두의 단전에서부터 올라온 "오오" 하는 큰 소리가 회의실에 울렸다. 얼마간 5명의 박수와 하이파이브가 이어졌다. 도도는 오두막에서 야시로가 가르쳐준 내용이 구구절절 와 닿았다.

'리더가 무엇을 할까(What)를 정하고, 직원이 어떻게 할까

(How)를 생각한다! 야시로 선생님 말씀이 이런 것이었나.'

　이후로도 도도와 직원들의 이야기는 계속 이어지지만, 이날 직원들과 화이트보드 1면에 펼친 계획은 큰 틀을 벗어나지 않고 비약적으로 발전한다. 미키하시의 바람이 담긴 '기쁨에 찬 고객의 표정이 보고 싶다'라는 슬로건은 '스마일 퍼스트Smile First'로서 훗날 도도그룹 전사의 철학으로까지 자리 잡는다.

　성인식을 기점으로 시작될 신규 사업은 '이익률이 높을 것'이라는 오다의 분석, '반드시 유행할 것'이라는 미키하시의 직감이 결국 적중하는 결과를 맺었다. 우연히 옮긴 시장이었지만 정확한 해답이었던 것이다. 전 세계적으로도 '클라우드 키친 시장'❖과 같은 무점포 외식 시장은 급성장하고 있었다.❖❖ 도도와 직원들이 선택한 푸드트럭 시장은 코로나 쇼크 후 혼잡함을 피하려는 분위기에 휩쓸려 급격하게 확대된다.

　그러나 화이트보드를 앞에 두고 머리를 맞대며 만들어낸 전술이 앞으로 더 크게 성장할 것이라는 사실은 이날 도도를 포함한 그 누구도 상상하지 못했다. 그리고 곧이어 모든 직원이 슬럼프에 빠진다는 사실 또한.

❖　　취식 공간 없이 주방에서 온라인으로 주문받는 배달 전용 비즈니스 모델.

❖❖　2018년 세계 클라우드 키친 시장 규모는 6억 5,000만 달러, 2026년에는 26억 3,000만 달러까지 급격하게 확대될 전망이다. 출처: 《닛케이 비즈니스》 2020. 01. 13.

스텝 4 지도 그리기

'제1부 전략 편'이 끝나고 20분 휴식 후, 도도는 천천히 시간을 들여 사탕을 빨아 먹으며 목을 가다듬었다. 그 덕분인지 '제2부 전술 편'도 쩌렁쩌렁한 목소리로 강연을 이어갈 수 있었다.

"지금부터는 스텝 4로, '전략 편'에서 '전술 편'으로 이동했습니다. 큰 차이점은 주어입니다. 스텝 3 전략 편의 주어는 리더, 전술 편의 주어는 직원이죠. 리더는 지원하거나 지적은 해도 되지만, 직접 그리는 것은 금물입니다. 왜냐하면 직원의 생각하는 힘, 주체성을 빼앗기 때문입니다."

도도는 사람들이 필기를 끝낼 수 있도록 기다렸다.

"리더는 전략은 세워도 전술은 만들지 말아야 합니다. 이를 위해 직원의 자발성을 유도하는 '질문'을 적극적으로 활용했습니다. 코칭 기법이라고 해도 좋겠군요. 답을 가르치기보다

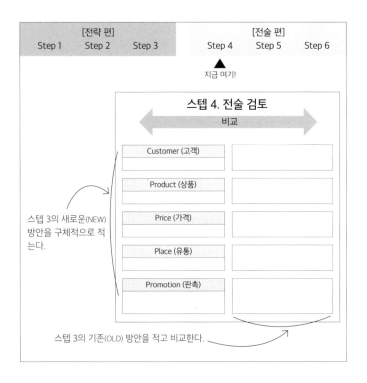

답을 끌어내는 데 전념했습니다."

30년 전 그날, 직원 5명이 화이트보드에 그린 전술에서 도도그룹의 순탄한 출발이 시작된 셈이다. 확실히 그때 도도는 전술에 입을 대고 싶었지만 꾹 참았다. 하지만 그런 인내는 직원의 성장하는 모습을 지켜보는 기쁨에 비하면 아주 미미한 것이었다.

강연과 함께 맞이한 70세 생일. 도도는 30년 전 생일날 홀로 회의실에서 울면서 케이크를 먹었던 기억을 떠올렸다. 나락에서 빠져나온 자신의 경험을 조금이라도 더 많은 사람에게 전하고 싶다는 소망이 간절해졌다.

도도는 이제 스텝 5로 진행될 것을 예고했다.

"이제 스텝 5입니다. 직원을 계속 믿어보십시오. 다만 행동 단위까지 구체적으로 제시해야 합니다. 그렇게 하지 않으면 직원들은 움직일 수 없습니다. 전략을 구체적으로 작업에 녹여내야 합니다. 다음 스텝에서는 그 부분을 소개하겠습니다."

'태양' 매니지먼트를 선택한
IT업계의 거인

스콧 갤러웨이Scott Galloway가 자신의 저서 《플랫폼 제국의 미래The Four》에 쓴 뒤부터 'GAFA[Goole, Amazon, Facebook(현 Meta), Apple]'라는 용어가 널리 알려졌다. GAFA가 2018년 일본의 유캔 신조어·유행어 대상 후보에 오른 것만 봐도 알 수 있다. 실제로 나 또한 GAFA를 접하지 않는 날이 없다. 2020년 중국 출장 때는 구글과 페이스북을 쓸 수 없어(당시 중국에서는 구글과 페이스북이 사용 규제 대상이었다) 몹시 불편했던 적이 있다. 그만큼 GAFA는 우리의 일상에 침투되어 있다고 할 수 있다.

세계를 석권한 GAFA의 약진을 보며 4개 회사를 '네 기사騎士'로 표현하기도 한다. 최근에는 거기에 또 하나가 추가되어 총 다섯 기사인 'GAFAM'으로 묶기도 한다. 마지막에 추가된

'M'으로 시작되는 기사의 이름은 마이크로소프트^{Microsoft}다. 사실 GAFA에 새로 추가되었다기보다 '부활했다'라는 표현이 더 정확할지 모른다. 마이크로소프트는 일찍이 천하무적이라고 할 정도로 세계적인 IT 거인이었기 때문이다. 그러나 세계적인 IT 거인은 작아졌다. 그 규모나 실적이 절대적으로 줄어든 것이 아니라 GAFA가 너무 거대해진 탓에 상대적으로 작아진 것처럼 보인 것이다.

다만 최근의 양상을 보면 마이크로소프트가 GAFA를 웃돌았는데, 그 결과는 무엇보다 숫자가 보여주고 있다. 미국 마이크로소프트의 2019년 회계연도(2018년 7월~2019년 6월) 매출액은 약 1,258억 달러(약 165조 1,250억 원)이고, 2019년 12월 하순의 시가총액은 역대 최고인 1조 2,000억 달러(약 1,570조 원)로 5년 사이에 4배나 늘어났다.

마이크로소프트가 '네 기사'(GAFA)로 대체되어 왕좌에서 물러났다가 다시 '다섯 기사'로 부활할 수 있었던 이유는 무엇일까? 그 대답은 3대 CEO에 취임한 사티아 나델라^{Satya Nadella}의 '전략'과 '매니지먼트'에 있다. 2014년 취임 이후 극적으로 바뀐 마이크로소프트의 전략과 매니지먼트에 관한 몇 가지 논점을 살펴보자.

극적 변화 1. 전략

• 논점: 무엇을 바꿨는가?

변화시킨 대상을 한마디로 말하면 '기존 비즈니스 모델'이다. 조금 더 구체적으로 말하면 '윈도즈Windows의 파괴'다. 마이크로소프트는 윈도즈라는 PC용 운영체제(OS)로 돈을 버는 소프트웨어 판매 사업에 주력해왔다.

초대 CEO 빌 게이츠Bill Gates(1975년~2000년까지 재임)부터 2대 CEO 스티브 발머Steve Ballmer(2000년~2014년까지 재임)까지 이러한 주요 방침은 바뀌지 않았다. 그런데 3대 CEO 사티아 나델라(2014년부터 재임 중)는 '윈도즈10'을 마지막으로 소프트웨어 판매와 결별을 표명하며 클라우드 사업으로 전환한다는 결단을 내린다.

과연 쉬운 결정이었을까? 그 결단은 윈도즈로 세계를 석권한 창업자인 빌 게이츠의 역사적 업적을 부정하는 것이다. 또 판매 파트너나 소비자와 오랜 기간 쌓아온 신뢰를 리셋하고 재구축하겠다는 뜻이다. 이런 것을 고려하면 그 결단은 분명 심사숙고해서 내린 만만치 않은 결정이었을 것이다.

• 논점: 결단은 성공을 안겨주는가?

결론부터 말하면 사티아 나델라의 결단은 실적 면에서 대성공을 거두는데, 이는 숫자로 여실히 드러난다. 아래는 역대 CEO의 매출과 점유율 추이다. 빌 게이츠 시대의 비즈니스 모델을 크게 바꾼 뒤 결과적으로 매출이 20년 사이에 6배 넘게 늘었다.

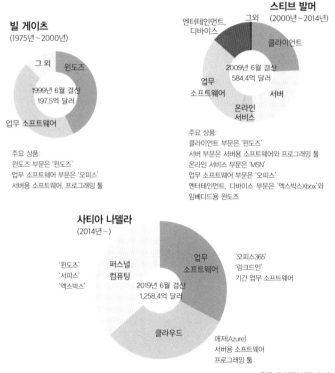

미국 마이크로소프트의 역대 CEO와 부문별 매출 추이

매출이 20년 동안 6배 넘게 증가

빌 게이츠
(1975년~2000년)

그 외   윈도즈

1999년 6월 결산
197.5억 달러

업무 소프트웨어

주요 상품:
윈도즈 부문은 '윈도즈'
업무 소프트웨어 부문은 '오피스'
서버용 소프트웨어, 프로그래밍 툴

스티브 발머
(2000년~2014년)

엔터테인먼트,   그 외
디바이스

클라이언트

2009년 6월 결산
584.4억 달러

업무
소프트웨어   서버

온라인
서비스

주요 상품:
클라이언트 부문은 '윈도즈'
서버 부문은 서버용 소프트웨어와 프로그래밍 툴
온라인 서비스 부문은 'MSN'
업무 소프트웨어 부문은 '오피스'
엔터테인먼트, 디바이스 부문은 '엑스박스Xbox'와
임베디드용 윈도즈

사티아 나델라
(2014년~)

'윈도즈'   퍼스널
'서피스'   컴퓨팅
'엑스박스'

업무
소프트웨어

'오피스365'
'링크드인'
기간 업무 소프트웨어

2019년 6월 결산
1,258.4억 달러

클라우드

애저(Azure)
서버용 소프트웨어
프로그래밍 툴

출처: 《닛케이 비즈니스》

카리스마 창업자의 화려한 업적을 버리고 격변하는 환경에 발맞춘 신新전략을 우선한 결정이 빛을 발한 것이다. 다만 아무리 뛰어난 전략이라도 한 사람의 지혜만으로는 제 기능을 발휘하지 못한다. 조직원의 힘을 빌림으로써 비로소 제 기능을 할 수 있다. 사티아 나델라는 어떻게 조직원의 힘을 빌렸을까? 그의 매니지먼트 기술을 살펴보자.

극적 변화 2. 매니지먼트

• 논점: 어떤 매니지먼트 기술을 사용하였는가?

마이크로소프트 일본법인 사장을 거쳐 2019년 9월에 미국 마이크로소프트 부사장에 취임한 히라노 다쿠야는《닛케이 비즈니스》를 통해 사티아 나델라가 '그로스 마인드셋Growth Mindset, 성장 지향'을 중시했다고 설명한다. 변화하는 전략을 조직 말단까지 침투시키기 위해 수많은 전문 강사(코치)를 채용하고, 막대한 에너지와 시간, 돈을 들여 코칭coaching을 실시했다는 것이다. 코칭은 '목표 제시와 지원'에 주안을 두고, 본인이 직접 깨닫게 만드는 방식을 취한다. 이 기술은 티칭teaching과 차이가 크다.

양자를 대비해 비유하자면 티칭 쪽이 '하드', 코칭 쪽이 '소프트'가 된다. 그런데 여기서 한 가지 의문이 든다. 큰 변화를 앞둔 마이크로소프트는 수많은 매니지먼트 기술 중에서 왜 하필 소프트 기술을 골랐을까? 하드 기술로는 큰 변화를 이룰 수 없었던 것일까?

티칭과 코칭의 비교

	티칭	코칭
강사 역할	(지식을) 가르친다	(목표와 지원으로) 끌어낸다
학습 타입	(학생이 강사의 이야기를 듣는) 수동형	(학생이 강사의 질문에 답하는) 자발형
양자의 관계	(강사가 학생보다 강한) 상하 관계	(강사와 학생이 똑같은) 대등 관계

• 논점: 왜 코칭 기술을 골랐을까?

마이크로소프트가 코칭을 선택한 이유는 자기인식self-awareness이야말로 변화의 열쇠라고 판단했기 때문이다. 그 과정에 대해 히라노 다쿠야 부사장은 이렇게 설명했다.

"변화에서 중요한 것은 깨달음입니다. 자기인식이죠. '변해야만 한다, 변하자', 이런 것이 본인에게 어떤 의미가 있는지 인식하지 않으면 변하기가 쉽지 않습니다. 하지만 그것만 깨달으면 사람은 바뀔 수 있다고 생각합니다."

이솝우화 중 '북풍과 태양'에 관한 일화가 있다. 북풍과 태양이 누가 먼저 나그네의 외투를 벗기느냐로 힘겨루기를 한 내용이다. 북풍은 있는 힘껏 바람을 불었지만, 나그네는 외투를 더 단단히 여미며 실패한다. 이어서 태양은 천천히 햇빛을 비췄고, 결국 더위 때문에 나그네가 스스로 외투를 벗어 태양이 이기게 된다. 강(剛, 북풍)과 유(柔, 태양)의 대비를 보여줄 때

자주 등장하는 이야기다.

코칭은 본인이 깨달을 때까지 끈기 있게 기다리는 부드러운 '태양'과 닮았다. 마이크로소프트는 전략을 대대적으로 변경하기 위해 '태양' 매니지먼트를 선택한 셈이다.

한편 같은 변화를 앞두고 전혀 다른 매니지먼트 기술을 채택한 기업도 있다. '파산에서 재건'이라는 엄청난 과제를 떠안은 일본항공ᴶᴬᴸ이다. 이나모리 가즈오❖는 파산한 일본항공을 재건하기 위해 'JAL 필로소피(직원이 익혀야 할 사고방식과 가치관)'를 40개 항목에 걸쳐 명문화한 뒤 직원들에게 시간 날 때마다 읊도록 주문했다.

조직 말단까지 전략 변화를 침투시키기 위해 스스로 깨닫기를 기다리는 '태양' 기술이 아니라 명문화한 가치관을 반복해 주입하는 (북풍까지는 가지 않지만) 다소 하드한 기술을 이용한 것이다. 북풍 기술이든 태양 기술이든 맞고 틀리고는 없다. 리더의 전략으로 조직 매니지먼트가 바뀌고, 조직 매니지먼트로 전략의 수행 정도가 바뀌기 때문이다.

조직연구의 명저 《전략과 조직》에서 앨프리드 챈들러도 "전략이 조직에 영향을 미치는 것과 마찬가지로 조직도 전략에 영향을 준다"라고 같은 의견을 밝힌 바 있다. '리더가 세우

❖　일본의 기업가. KDDI 창업자. 2010년 회장으로서 JAL의 재건에 돌입해 2년 만에 영업 이익 2,000억 엔이라는 V자 회복을 이루어냈다.

는 전략'과 '조직원의 힘을 활용하는 매니지먼트'는 밀접하게 연관되어 있다. 그리고 그것은 시장에 있는 고객에게도 전달되는 법이다.

일본항공의 전략 목표를 살펴보자. 중기 경영 계획으로 발표한 3가지 목표는 파산 직후부터 현재까지 우선순위가 바뀌지 않았다. 그 순서는 안전 → 고객 만족 → 재무다. 보통 파산 직후에는 재무구조 개선을 급선무로 삼는데, 승객 안전과 사회적 책임을 다하겠다는 뜻에서 '안전'을 최우선하고, 그다음 '고객 만족'에 이어 '재무'를 제일 마지막에 둔 것이다. 나도 승객으로서 일본항공을 종종 이용하지만, 첫 번째 안전에 대한 그들의 노력은 눈에 띄는 성질은 아니어도 두 번째 고객 만족은 기내 서비스 등을 통해 여실히 느낄 수 있었다.

이에 반해 마이크로소프트의 최우선 목표는 무엇일까? '고객 만족'은 고려 대상일까? 여기서부터는 개인적 의견으로 시간적 여유가 있는 사람만 읽으면 된다.

마이크로소프트가 전략 변경으로 실적을 올린 것은 굉장한 성과다. 단 '고객 만족'의 관점에서는 걱정스러운 부분이 있다. 나는 사용자 중 한 사람으로서 큰 불만을 느끼고 있기 때문이다. 나는 25년가량 엑셀, 워드, 파워포인트와 같은 마이크로소프트 오피스(이하 MS오피스, 현 마이크로소프트 365 ─옮긴이)를 꾸준히 사용해온 헤비 유저heavy user다. 윈도즈 PC에서 맥으로 바꿔도 MS오피스 CD를 구매해 맥에 설치했다. '한눈팔지 않는 순애보'라기보다는 MS오피스 사용에 익숙해져 있었고, MS 사용자가 많기 때문에 호환성을 우선했던 탓이다.

그런데 구매한 MS오피스를 작년 어느 날부터인가 구버전이라 쓸 수 없게 되고, 새롭게 클라우드에서 1년 단위로 구독해야 하는 신세가 되었다(월정액 구독도 있음). 이 구독 방식은 받아들이기가 어려웠다. 반강제적으로 돈을 낼 수밖에 없었기 때문이다. 마치 고장도 안 난 애용품을 멋대로 빼앗고는 원하지도 않는 새 상품에 청구서를 붙여 내 손에 들려주고 간 기분이었다. 말하자면 한 명의 사용자로서 마이크로소프트가 기존 전략에서 신규 전략으로 변경한 과정에서 그들의 업적에 공헌할 수밖에 없게 만든 형국이었다.

MS오피스 외에 선택지가 없다면 울며 겨자 먹기라도 하겠지만, 비교군이 있다면 얘기가 달라진다. 예를 들어 GAFAM의 선두 기사인 구글의 너무나도 친절한 문서 작성 도구가 있다. 구글은 마이크로소프트사와 거의 유사한 소프트웨어를 클라우드상에서 무료로 제공✧하고 있다. 마이크로소프트의 부활이 사용자가 이해할 수 있는 수준에서 만족을 동반한다면 좋겠지만, 그렇게 느끼지 않는 나 같은 사용자가 많아진다면 순식간에 신용을 잃고 말 것이다.

✧　엑셀은 '구글 스프레드시트', 워드는 '구글 독스', 파워포인트는 '구글 슬라이드'. 구글 계정을 만들면 무료로 이용할 수 있다.

개인적인 경험이지만 예전에 근무했던 외국계 기업은 미사여구로 포장된 화려한 전략을 만드는 한편, 고객을 소홀히 여기는 운영 방식을 취했다. 결국 그 기업은 단기 실적은 올렸지만 다양한 문제가 발생해 일본에서 철수하고 말았다. 경영 판단에 의한 철수라고 하면 듣기 좋겠지만, 이미 시장에서 필요가 없어져 고객으로부터 이혼장을 받은 것이나 마찬가지다.

비즈니스는 시장에 고객(사용자)이 있어야 성립된다. 본문에서 미키하시가 목표로 잡은 '고객의 기쁨에 찬 표정'을 끌어내는 일은 각종 제약 속에서 경영과 양립시키기가 매우 어려운, 그러나 비즈니스의 기본 중의 기본이다. 마이크로소프트의 전략이 재무 목표만 좇아 고객을 소홀히 하지는 않는지 앞으로 한 명의 사용자로서 매의 눈으로 지켜보려고 한다.

STEP 5. **목표 구체화**

적극적으로 뛰어들 수 있는 행동 목표를 세워라

리더와 직원의 간극
(2020년 12월 5일 토요일 @다쓰야)

다쓰야를 이용해주신 고객님께

늘 다쓰야를 애용해주셔서 감사합니다.

오늘은 아쉬운 소식을 전하려고 합니다.

창업 후 20년간 많은 사랑을 받았으나

여러 가지 사정으로 문을 닫게 되었습니다.

하지만 이 자리에서 새로운 사업으로 재출발해

색다른 모습으로 여러분과 만나 뵙기 위해 준비 중입니다.

올해 말까지는 DVD와 CD를 저렴한 가격으로 제공하는 폐점 세일을 진행합니다.

모쪼록 잘 부탁드립니다.

다쓰야 직원 일동

점장인 마치코가 작성한 벽보를 내걸고 난 뒤부터 아이러니하게도 줄어들고 있던 고객이 돌아왔다. 대부분이 폐점 세일이 목적인 손님이었다. 드물게 DVD 감상이 유일한 낙인데 문을 닫으면 어떡하느냐고 불평하는 어르신들이 있었지만, 사정을 설명하고 평소 좋아하던 작품을 선물로 슬쩍 건네주니 화를 가라앉히고 흐뭇한 미소를 지으며 돌아갔다.

마치코는 대여 사업의 종료 작업과 함께 그보다 더 큰 숙제도 안고 있었다. 도도가 승인한 신규 사업인 '저당 피자 푸드트럭 사업'의 세부사항 마무리 작업이었다. 마치코는 초조함과 허무함을 동시에 느꼈다. 가게 문을 닫으며 마무리하는 '클로징'은 지금까지 찾아준 고객을 끝까지 책임지는 일이지만, 솔직히 말해 그곳에 내일은 없었다. 우리에게 내일은 한 달 뒤인 성인의 날에 닥칠 저당식 푸드트럭 사업의 '오프닝'이었다.

'프로젝트 리더인 내가 책임지고 이끌어나가야 하는데, 초조함만 커지고 뭘 해야 할지 감이 잡히질 않아. 감이 잡히지

않으니 직원에게 지시할 수도 없고.'

지시도 못 내리면서 직원들이 태평하게 있는 것 같아 점점 더 초조해졌다. 같이 사는 마도카가 퇴근해서 오면 소파에 드러누워 스마트폰만 들여다보고 있는 것도 마치코의 초조함을 부채질했다.

'사장님의 승낙을 받아낸 감동의 단합식 날부터 겨우 3일 지났어. 초조해하는 내가 이상한 건가? 사장님은 왜 그렇게 초조해했을까?'

마치코는 매장 구석에서 혼자 중얼거리면서 어제 있었던 회의를 떠올렸다.

도도와 직원 5명까지 모두 6명이 모인 회의실은 분위기가 험악했다. 도도 대 5명 직원의 구조로 대립을 심화하고 있는 건 도도 본인이었다. 도도의 초조함은 '시간은 흐르는데 진행 속도가 너무 느리다'라는 인식에서 비롯되었다.

"사업 계획을 승인한 게 이틀 전이에요. 이 사실은 모두에게 똑같아요. 그런데 저한테는 '벌써 이틀'입니다. 여러분에게는 혹시 '아직 이틀'인 건 아닌가요? 이래서 시간을 맞출 수 있겠어요? 각자 해야 할 일은 하고 있는 건가요?"

'확실히 나는 아직 이틀이라고만 생각했어.'

점장이면서 프로젝트 리더이기도 한 마치코는 도도의 지적에 그 책임을 온몸으로 느끼면서 얼굴이 빨개져서는 입술을 깨물었다. 연장자인 아오노는 이 상황을 보고 냉철하게 분석했다. 아오노가 보기에 직원들은 '클로징'과 '오프닝' 작업에 온 정신을 쏟고 있었다. 아오노 본인도 요 몇 년 사이에 가장 바쁘게 일하고 있었다. 그런데 도도는 그렇게 느끼지 않았다. 거기서 간극이 생겼다. 아오노는 단도직입적으로 따졌다. 아오노만의 주특기다.

"사장님, 잠깐만 진정하고 들어주세요. 저희는 요 몇 년 사이에 이렇게 바쁘게 일한 적이 없거든요. 폐점 마감 작업과 신규 사업 개시 둘 다를 해내야 하니까요. 그런데 사장님은 우리가 뭔가 잘못하고 있다고 생각하시는 것 같아요. 그럼 알려주세요. 사장님과 저희의 이 차이는 뭘까요?"

도도가 한 방 먹은 듯 아무런 대꾸도 하지 못했다. 아오노는 탐정 일을 오래한 터라 상대방이 짓는 표정만으로도 심리 상태를 읽어낼 수 있었다.

'아, 망했다. 사장님도 답을 갖고 있는 게 아니야.'

사실 도도 본인도 왜 자신만 초조하고 직원들이 태평하게 보이는지 몰랐다.

"사장님, 오늘은 해산하시죠. 내일은 토요일이라 대여 손님이 올 테니까 머리 좀 식힌 다음에 이틀 뒤인 일요일에 회의하는 걸로요."

직원들이 돌아간 뒤에도 도도는 회의실에 홀로 남아 생각에 잠겼다.

개념적인 것에서
구체적인 것으로

도도는 야시로의 오두막으로 차를 몰았다.

폐점 안내는 했지만 토요일은 손님이 많다. 아오노의 말대로 회의는 일요일로 미루고 가게는 직원들에게 맡겼다. 일단은 오프닝보다 클로징 작업을 위해 직원들이 총출동해 애써주고 있었다. 도도는 차 안에서 아오노의 질문에 자문자답했다.

'직원들은 잘해주고 있는데 이 초조함은 뭐지?'

야시로에게는 미리 연락해두었지만 오두막에 도착할 즈음에는 이미 해가 떨어진 뒤였다. 오두막의 검은 굴뚝에서 연기가 피어오르고 있었다.

"이야, 빨리 왔군."

오두막은 여전히 아늑했다.

"네, 차로 1시간 좀 안 걸리다 보니 금방 도착했네요."

"아니, 그게 아니라 여기 오는 데 빨라도 한 달 뒤겠거니 했는데 며칠 만에 올 줄이야. 그런 의미에서였네."

그 말에는 도도도 쓴웃음을 지을 수밖에 없었다.

야시로는 앞치마 차림으로 식사 준비를 하고 있었다. 탁자에는 냄비와 채소 그리고 처음 보는 고기가 놓여 있었다.

"지비에 스키야키야. 들어보게."

도도는 야시로에게 조언을 구하러 왔지만, 실은 요리에 대한 기대도 컸다.

"이 고기 뭔가 굉장한데요. 처음 봐요."

진한 붉은색에 이렇게 기름기 가득한 고기는 처음 보았다.

"그래, 일단 한번 먹어봐. 처음에는 달걀을 찍지 말고."

스키야키답게 고기를 찍어 먹을 달걀이 곁들여져 있었지만, 일단은 냄비에서 집어 그대로 입에 넣었다. 씹으면 씹을수록 응축된 살코기의 감칠맛과 지방의 단맛이 입에 퍼지면서 미세하게 야생미가 코를 찔렀다. 지금까지 먹어본 고기 중에서 두말할 것 없이 으뜸이었다.

"이, 이거, 너무 맛있어요! 씹히는 맛이 있으면서도 지방은 녹아내리는 것 같아요. 대체 무슨 고기예요?"

"오소리 고기라네. 겨울 오소리는 지방을 저장해두고 있어서 최고거든. 프랑스인 셰프 친구는 오소리가 지비에 요리 중에서 제일 맛있다고, 아니, 모든 고기 중에서 제일이라고 말할 정도지."

STEP 5. 목표 구체화

달걀을 찍어도 일품이었기에 도도는 결국 달걀 3개를 거의 다 쓸 때까지 오소리 스키야키를 즐겼다. 식사 후 야시로가 내린 커피를 마시면서 도도는 다시 머릿속에서 아오노의 물음을 되새기고 있었다. 표정이 수상했는지 설거지를 마친 야시로가 도도의 얼굴을 들여다본다.

　"예상대로군. 짐작은 되지만 이번에는 어떤 고민이지?"

　"네? 예상대로라고요?"

　"여기 묵었던 다음 날 아침에 내가 적어둔 쪽지 기억나는가? 이런 이모티콘을 그렸는데."

　야시로는 그때 그 노트에 이모티콘을 그렸다.

　분명히 낯이 익다.

　"자네 지금 이거랑 표정이 똑같아."

　"네? 어떻게 예상하셨어요?"

　야시로가 자신의 잔에 커피를 따르고 천천히 입에 가져다 댔다.

　"직원들이 내 생각처럼 움직이지 않는다, 행동이 굼뜨다, 그런 표정인데."

　도도는 다시 한 번 야시로의 통찰력에 감탄했다.

　"야시로 선생님, 바로 그거예요. 다시 가르쳐주세요. 어떻게 하면 좋을까요?"

도도는 30분가량 요 며칠 동안 있었던 일을 야시로에게 털어놓았다. 야시로는 난롯불을 바라보면서 커피를 홀짝이며 잠자코 듣고 있었다.

"먼저 제대로 된 방향으로 가고 있다고 말해주고 싶네. 일러도 한 달 뒤에나 나올 '건전한 고민'인데 며칠 만에 나오다니 대단한데? 직원들과 터놓고 논의했다는 방증이지. 그리고 이 단계에서 간극이 벌어지는 건 예상된 바라네."

"왜 저와 직원 사이에 간극이 벌어진 걸까요?"

"도도 군은 '10배 목표'라는 '구체적'인 걸 보고 있어. 그런데 직원은 자신의 목표를 구체적으로 보지 못하지. 이것이 간극의 정체야. 그들은 아직 '개념적'인 부분밖에 보지 못해."

도도는 문자 그대로 무릎을 쳤다. 직원과 화이트보드에 펼친 플랜은 그럴싸했다. 도도도 웃는 얼굴로 승인했다. 하지만 그것은 '개념적'인 것이었다.

"이 단계에서 도도 군이 해야 할 일은 '개념적'인 것에서 '구체적'인 것으로 이끌어주는 것이야. 연매출 5,000만 엔에서 5억 엔으로 만들자는 10배 목표는 너무 높고 크기 때문에 직원들의 입에 들어가지 못해. 그들의 입에 들어갈 크기로 잘라줘야 해. 오늘 밤 자네가 먹은 오소리 고기가 잘게 썰려 있던 것처럼 말이네."

"혹시 그게 여기 이 스텝 5의 '목표 구체화'인가요?"

도도는 야시로에게서 받은 한 장의 미래 지도를 펼쳤다.

야시로는 조용히 끄덕였다.

"목표 구체화는 마케팅 매트릭스^{Marketing Matrix}라고도 하네. 매트릭스란 수량화된 판단 지표로 자동차 대시보드와 비슷해.[1] 속도계, 연료계를 슬쩍슬쩍 보면서 운전하는 것과 마찬가지로 말이야. 그 속도계, 연료계에 해당하는 것을 KPI*라고 하네. KPI는 큰 목표에 다다르기 위해 잘게 분해한 수치인데 흥미롭게도 KPI는 업종별로 다르다네. 예컨대…"

야시로는 노트에 구체적인 예를 적었다.

"업종별로 다르다니 재밌네요. 그런데 전부 외우려면 힘들겠는데요."

야시로의 메모 업종별 KPI의 예

업종 내용	KPI
영업	상담 건수, 계약 건수, 계약 성사율
웹마케팅	페이지뷰(PV), 클릭률, 이탈율
제조업	원가율, 불량률
호텔업	객실 수, 객실 단가, 객실 이용률

❖ Key Performance Indicator, 즉 '핵심 성과 지표'를 뜻하며 목표를 달성하기 위해 목표치보다 세부적인 보조 지표로 활용한다.

"아니, 업종별 KPI는 참고만 하면 돼. 이것만 외워두게."

야시로는 다시 노트에 적었다.

야시로의 메모 보편적 매출 공식

고객 수 × 상품 단가 = 매출

"이게 보편적인 매출 공식이야. 도도 군이 진입한 배달 사업에 이걸 대입하면 된다네. 참고로 배달 사업도 크게는 식품 시장에 속하지만 그 안에서 배달 시장, 푸드트럭 사업으로 좁힌 건 아주 잘한 선택이라네."

야시로의 칭찬에 도도는 조금 나아졌다.

"왜냐하면 요식업은 부담 없이 진입할 수 있어서 본인이 하고 싶은 걸 진행할 수 있지만 실제로 돈을 벌기는 어려워. 매장이 필요하다 보니 임대료가 차지하는 비율이 높아서 이익이 나기 어렵기 때문이지. 이 점에서 푸드트럭은 그 비율이 낮고, 회전율이 높으니까 이익을 내기 쉽지."

도도는 이제야 마음이 후련해졌다. 그런 표정을 지을 것을 미리 예상이라도 한 듯 야시로는 바로 지적을 이어나갔다.

"단, 리더가 그린 전략이 전술이 되어 실제 업무에 녹아들려면 '목표를 구체화'하는 작업이 필요해. 하지만 직원들에겐 당장 그런 지혜가 없으니 도도 군이 이끌어줘야 하네."

"야시로 선생님, 부탁드려요. 처음만 구체적으로 만드는 방법을 전수해주시면 안 될까요?"

야시로는 잠시 고민했다.

"내가 컨설팅한 도내 라멘 가게 중에서 연매출 1억 2,000만 엔(12억 원), 월 매출 1,000만 엔(1억 원)이 된 사례가 있어. 사업을 구체화하는 샘플을 보여줄 테니 참고하면 어떻겠나."

야시로는 불과 몇 분 만에 사업을 구체화했다.

"포인트는 3가지야. 첫째는 큰 숫자에서 작은 숫자로 나눠

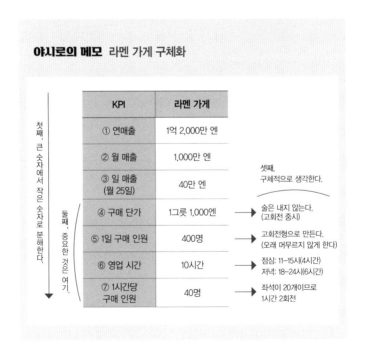

야시로의 메모 라멘 가게 구체화

KPI	라멘 가게
① 연매출	1억 2,000만 엔
② 월 매출	1,000만 엔
③ 일 매출 (월 25일)	40만 엔
④ 구매 단가	1그릇 1,000엔
⑤ 1일 구매 인원	400명
⑥ 영업 시간	10시간
⑦ 1시간당 구매 인원	40명

첫째, 큰 숫자에서 작은 숫자로 분해한다.

둘째, 중요한 것은 여기.

셋째, 구체적으로 생각한다.

→ 술은 내지 않는다. (고회전 중시)

→ 고회전형으로 만든다. (오래 머무르지 않게 한다)

→ 점심: 11~15시(4시간) 저녁: 18~24시(6시간)

→ 좌석이 20개이므로 1시간 2회전

가는 것. 둘째는 현장 감각이 중요해지는 ④, ⑤, ⑥, ⑦ 부분이야. 이 부분은 직원이 아니라 리더가 제시해주면 좋아. 셋째는 전술의 구체화야. 각각의 논점과 방침을 제시한 뒤에 직원이 주체적으로 구상하면 좋을 거야."

도도는 재빠르게 노트에 받아 적었다.

도도의 메모 **목표 구체화 방법**

- 첫째, 큰 목표는 직원을 위해 세분화한다.
- 둘째, 현장 감각을 살려 중요한 지표는 리더가 제시한다.
- 셋째, 구체적인 전술은 직원이 주체적으로 구상하게 한다.

구체적인 목표로 그리는 구체적 전술
(2020년 12월 6일 일요일 11시
@다쓰야 회의실)

"여러분, 먼저 사과부터 드릴게요. 아오노 씨가 지적한 저의 초조함, 그건 여러분을 향한 게 아니라 제가 구체적인 사고에 미치지 못한 데 대한 초조함이었습니다. 이상, 죄송합니다."

도도는 회의실의 직원 5명에게 머리를 숙이며 사과했다.

"그래서 오늘은 다시 여러분의 힘이 필요합니다. 현재 연매출 5,000만 엔을 10배인 5억 엔으로 만든다는 목표는 포기하지 않았습니다. 그렇지만 조금 더 떠올리기 쉽도록 최소한 지금보다 2배가 넘는 연매출 1억 2,000만 엔을 달성해보려고 합니다. 이를 위해 작은 지표를 만들어봤습니다. 이 논점을 다 같이 한번 살펴보시죠."

도도가 배포한 시트 푸드트럭 사업의 구체화

KPI	(푸드트럭 사업) 아침 · 점심 부문	(푸드트럭 사업) 저녁 부문	구체적 논점
① 연매출	4,800만 엔 (전체의 약 40%)	7,200만 엔 (전체의 약 60%)	아침 · 점심 40%, 저녁 60%로 괜찮은가?
② 월 매출	400만 엔	600만 엔	점심과 저녁의 비율은 적절한가?
③ 일 매출 (월 25일)	16만 엔	24만 엔	연말연시, 휴일은 어떻게 할 것인가?
④ 구매 단가	600엔	2,000엔	저녁 단가를 높일 수 있는 메뉴는?
⑤ 1일 구매 인원	약 266명	약 120명	운영은 원활한가?
⑥ 영업 시간	4시간	5시간	아침 · 점심 영업 시간은? 저녁 영업 시간은?
⑦ 1시간당 구매 인원	66명	24명	아침 · 점심의 제공 시스템은? 저녁 제공 시스템은?

도도는 한 장으로 정리한 시트를 모두에게 나눠주었다.

"특히 ④~⑦ 4가지를 우선해서 생각해보세요. ④저녁 단가를 높이는 메뉴를 어떻게 할 것인가, ⑤운영 면에서는 아침 · 점심 266명의 손님을 어떻게 처리할 것인가, ⑥영업 시간을 몇 시부터 몇 시까지로 정할 것인가, ⑦제공 시스템을 아침 · 점심 및 저녁으로 바꿀 것인가 등 세부 사항은 반드시 다 같이 아이디어를 모아보세요."

가장 격하게 끄덕이고 있는 사람은 점장인 마치코였다.

'그래, 이거야! 이게 보이지 않았기 때문에 내가 초조했던 거야.'

"사장님, 어디 가서서 점심이라도 드시고 오세요. 저희는 저녁때까지 회의를 마칠게요."

도도는 마치코에게 떠밀리듯 회의실 밖으로 나왔다. 문 너머로 도도에게 들으라는 듯 아오노가 큰소리를 낸다.

"자, 다들 배가 고파서는 싸움을 할 수 없겠지. 또 마케팅 조사 겸 배달시켜 먹으면서 회의해볼까? 물론 회사 경비 처리로. 괜찮겠죠, 사장님?"

도도가 대답은 하지 않고 헛기침만 하자 회의실에 웃음이 터졌다.

도도는 가게를 나와 길 건너 패밀리 레스토랑에 들어갔다. 다쓰야가 내려다보이는 2층 창가 자리에 진을 치고, 늘 시키던 햄버거 세트를 주문했다. 식후에 커피를 마시면서 생각했다. 물론 늘 그렇듯 신규 사업에 관해서다. 야시로 선생님은 푸드트럭 사업을 격려했다.

그런데도 사라지지 않는 걱정거리가 2가지 있었다. 하나는 저녁 단가 설정이다. 연간 1억 2,000만 엔을 달성하려면 저녁 손님 단가를 어떻게든 올려야 해서, 아침 · 점심 손님의

600엔(6,000원) 단가를 기준으로 저녁 손님은 그 3배가 넘는 2,000엔(2만 원)을 KPI로 설정했다. 푸드트럭은 포장 손님으로 회전율을 높이는 게 철칙이다. 피자를 포장하면서 캔 맥주를 추가 구매한다 해도 큰 차이가 나지 않는 데다 애초에 가까운 슈퍼에서 저렴한 발포주를 사는 편이 이득인 느낌이 든다.

또 하나는 연간 5억 엔 달성이 여전히 묘연하다는 점이다. 야시로 선생님에게는 스텝 1에서 10배 목표를 선언했다. 지금 직원들에게 고민해보라고 한 내용이 전부 예상대로 착착 진행된다 해도, 아니 예상을 뛰어넘는다 해도 연간 1억 2,000만 엔이 최대치다. 연간 5억 엔은 아무리 봐도 신기루 같은 꿈이다.

도도는 음료 코너의 커피를 다섯 잔가량 비우고 가게로 돌아왔다. 회의실에서는 열기가 느껴졌다. 문을 열자 평소의 미키하시가 아니라 마치코가 화이트보드 앞에 서서 진두지휘하고 있었다.

"아, 사장님. 빨리 오셨네요. 조금만 더 하면 되니까 앉아서 기다려주세요."

화이트보드를 보니 마인드맵Mindmap❖ 형식으로 아이디어가 적혀 있었다. 중간에 들어온 도도에게는 전혀 의미를 알 수 없는 낙서로만 보였지만 직원들은 굉장히 흥분한 상태였다. 조

❖ 마인드맵은 토니 부잔Tony Buzan이 제창한 사고 · 발상법으로, 가운데에 개념이나 생각할 거리를 키워드로 적어놓고 방사형으로 키워드를 적어나가며 이미지를 시각화하는 방법이다.

금 있자 회의가 마무리되고, 화이트보드를 뒤집어 마치코가
다시 정리했다.

"사장님, 많이 기다리셨죠. 이 부분이 회의의 핵심입니다."

"일단 저희가 사장님께 감사드리고 싶은 건, 이렇게 구체적
으로 수치화해주셔서 당장 해야 할 일이 명확하게 보인 거예
요. 이게 보이지 않아서 저희도 사실 초조했거든요."

KPI	(푸드트럭 사업) 아침 · 점심 부문	(푸드트럭 사업) 저녁 부문	구체적 논점
① 연매출	4,800만 엔 (전체의 약 40%)	7,200만 엔 (전체의 약 60%)	아침·점심 40%, 저녁 60%로 괜찮은가?
② 월 매출	400만 엔	600만 엔	점심과 저녁의 비율은 적절한가?
③ 일 매출 (월 25일)	16만 엔	24만 엔	연말연시 휴일은 어떻게 할 것인가?
④ 구매 단가	600엔	2,000엔	저녁 단가를 높일 수 있는 메뉴는?
⑤ 1일 구매 인원	약 266명	약 120명	운영은 원활한가?
⑥ 영업 시간	4시간	5시간	아침·점심 영업 시간은? 저녁 영업 시간은?
⑦ 1시간당 구매 인원	66명	24명	아침·점심의 제공 시스템은? 저녁 제공 시스템은?

- 로테이션으로 연중무휴 영업
- 밤에는 술 제공
- 주문 앱, 좌석 등 준비
- 아침: 7–9시 / 점심: 11–13시 / 저녁: 18–23시
- 아침 · 점심: 세트 메뉴형 / 저녁: 셀프서비스형

마치코는 화이트보드에 도도가 나눠준 시트를 붙이고, 그 아래에 직원이 검토한 내용을 짧은 문장으로 요약해 각각을 상세히 설명했다. 직접 부딪혀봐야 알 수 있는 부분도 있었지만, 일단 현장 감각이 적절히 반영되어 책상 위에서 찾아낼 수 있는 문제점은 최대한 찾아내 보강한 느낌이었다. 단지 역시나 마음에 걸린 부분은 해결책까지 이어지지 않은 '저녁 단가 설정'과 '5억 엔 목표에는 도달하지 못한다'라는 2가지였다.

"마치코 점장님, 그리고 여러분 정말 고마워요. 진행하다 보면 또 문제가 발생하겠지만 세세한 부분까지 구체적으로 살펴보신 것 같군요. 지금 상황에서는 크게 2가지가 마음에 걸리는데, 이 부분에 대해 따로 의견이 있다면 말씀해주세요."

도도는 첫 번째 '저녁 단가 설정'에 대해 물었다. 화이트보드에 '주류 제공'이 있었기 때문이다.

"저녁 단가를 아침·점심의 3배 이상인 2,000엔으로 끌어올리면 좋겠어요. 여러분도 그 부분 때문에 주류 제공을 얘기한 것 같은데, 포장 고객이라면 맥주를 슈퍼에서 사서 가지 않을까요?"

쿨한 오다가 대답했다.

"피자를 포장하면서 맥주를 원하는 고객에게는 슈퍼와 같은 가격으로 맥주를 제공할 예정입니다. 그 부분은 크게 상관이 없습니다. 우리의 목표는 '1인 체류 고객'이니까요. 따끈따끈한 피자를 먹으면서 맥주 1잔, 와인 1잔을 그 자리에서 가볍게 걸치는 체류 시간 30분 이내의 1인 고객을 2,000엔에 모시는 겁니다."

"응? 체류 고객이라면 어디에 체류시키죠?"

"푸드트럭에서 길게 펼쳐지는 접이식 지붕, 즉 차양을 '어닝'이라고 합니다. 그 아래에 접이식 의자와 테이블을 놓고 주차장을 매장처럼 사용하면 돼요. 비가 와도 문제없죠."

"아니, 그러니까 지금 같은 겨울에는 어렵지 않을까요?"

"겨울에는 어닝을 빙 둘러싸는 투명 텐트가 있어서 거기에 난방을 돌리면 괜찮습니다. 하카타의 포장마차 느낌이죠. 요즘 쾌적한 캠핑 붐이 일고 있어서 이런 느낌을 선호하는 직장인이 늘었잖아요. 사장님, 모르셨어요?"

훗날 오다의 분석대로 이 아이디어는 뜨거운 반응을 얻는다. 아직 반신반의하면서 도도는 일단 두 번째 의견을 구했다.

"또 하나는 이렇게 전력투구해서 겨우 연매출이 1억 2,000만 엔이라는 점입니다. 당초 목표로 세운 5억 엔은 언감생심이죠. 이 부분은 어떻게 해야 할까요? 역시 1년 새 5억 엔 달성은 무리일까요?"

이번에는 미키하시가 나섰다.

"사장님, 푸드트럭 차량 말인데요, 예산을 어느 정도로 생각하고 계세요?"

"인터넷에서 찾아봤더니 대형 캠핑카를 중고로 구매하면 약 800만 엔이더군요. 차내를 주방으로 개조하는 비용을 200

만 엔 이하로 잡으면 총 1,000만 엔(1억 원)이 상한선입니다."

미키하시가 여유로운 미소를 띠며 직원들과 눈빛을 교환했다.

"예산 1,000만 엔은 저희가 예상한 대로네요. 거기서 5억 엔 달성의 시나리오가 보였어요. 푸드트럭 1대로 연 1억 2,000만 엔이라면, 총 4대가 있으면 연 4억 8,000만 엔, 거의 5억 엔을 노릴 수 있다고요!"

"잠깐만요, 미키하시 군. 그렇게 하면 푸드트럭 4대에만 4,000만 엔(4억 원)이 드는데요?"

"사장님, 여기를 쓰셔야죠."

미키하시가 관자놀이를 손가락으로 두드린다.

"엔진이 달린 캠핑카는 확실히 가격이 올라가요. 그래서 엔진 없는 캠핑 트레일러*로 하는 거죠. 이건 엔진이 없기 때문에 중고로 하면 200만 엔(2,000만 원) 전후예요. 운전석이 필요 없으니 차내를 넓게 쓸 수 있어서 주방 외에 체류 고객이 들어갈 공간도 만들 수 있고요. 개조 비용을 줄이면 1,000만 엔 이내로 푸드 트레일러를 완성할 수 있어요!"

도도의 머릿속에는 아직 물음표가 떠다녔다. 그런 도도는 신경 쓰이지 않는 듯 그사이에도 직원들은 계속해서 아이디어를 내고 있었다.

❖ 자체 동력 장치가 없어 다른 차량에 견인해서 쓰는 상자형 주거 공간. 일본에서는 차량 중량 750킬로그램 초과는 견인면허가 필요하지만 그 이하는 견인면허 없이 견인할 수 있다.

'1인 체류 고객이 지루하지 않도록 와이파이를 완벽하게 갖춰놓는다', '푸드 트레일러는 어느 동네를 가든 견인면허 보유자인 미키하시가 운전한다', '언젠가 모든 직원이 견인면허를 딴다', '피자 다음은 저당 카레다', '그다음은 카페 트레일러?' 등등 다시 마인드맵으로 의견을 쏟아냈다.

KPI를 설정하기 전에는 전술이 개념적이라 모호했다. 그래서 자기 일에 대입하기가 쉽지 않았고 행동으로 옮기기가 어려웠다. 그런데 야시로와 상담한 후 KPI를 설정하자, 구체적 제약 덕분에 목표와 행동이 '구체화'되었다.

"마치코 점장님! 알겠습니다. 이걸로 각자 역할을 분담해주세요."

이렇게 도도와 직원들은 짧은 슬럼프를 극복해냈다.

스텝 5 지도 그리기

"강연장에 있는 여러분은 평소에 작업을 얼마나 수치화하고 있습니까?"

단상에 선 도도는 청중을 향해 질문을 던졌다.

"천릿길도 한 걸음부터이니 스텝 1에서 세운 10배 목표를 세분화해보죠. 세분화 방법은 여러 가지이지만 '고객 수 × 객단가' 정도의 대략적인 것도 좋습니다. 이러한 것을 기존의 수치와 비교하면 어디에서 진도가 나가지 않는지 '구체적'으로 나타납니다. '개념적'으로 그린 전술이 '구체적'이 되죠. 이것이 목표입니다."

도도는 왼손 손바닥에 오른손 검지를 포갰다.

"이제 다음 스텝은 조금 더 구체적으로 갑니다. 한 장의 미래 지도의 마지막 스텝입니다."

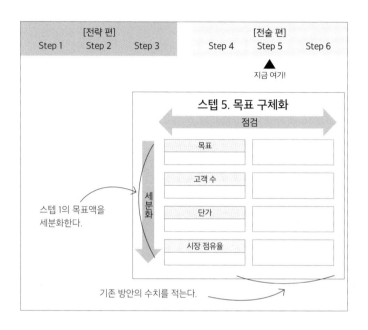

왜 데아고스티니는
499엔짜리 상품을 TV 광고하는가

KPI$^{Key\ Performance\ Indicator}$는 목표 달성 지표다. 그래서 KPI는 큰 목표 수치가 작게 분해되어 있다. 42.195킬로미터를 달리는 마라톤을 떠올려보자. 먼저 결승점에 도착할 시간을 설정한 뒤 1킬로미터, 5킬로미터 단위로 시간을 나눈다. 육상 경기에서는 트랙을 일주하는 데 걸리는 이 시간을 랩타임$^{lap\ time}$이라고 하는데, 프로 러너는 자신의 1킬로미터, 5킬로미터당 시간을 숙지하고 있어 중간에 이 랩타임을 확인하면서 속도를 조절한다. 목표 지점에서 역산한 KPI가 속도를 조절할 판단 기준이 되는 셈이다.

비즈니스의 KPI는 랩타임과 거의 비슷하게 사용된다. KPI로 세분화하는 것의 장점은 부담스럽지 않고 예측 가능한 단위가 되기 때문에 이해하기 쉽다는 점이다. 그래서 판단이 명확해진다. 홈쇼핑 방송을 보면 이 법칙을 영리하게 사용하는 장면을 자주 접한다. 고가 상품인 경우에도 '오늘 하루만 단 ○○○엔'이라고 비용 부담이 적은 것처럼 광고하면서 고가인 본품 가격보다 저렴한 인상을 준다. 절대 거짓말은 아니지만 저렴하게 보이는 기술인 것이다.

이처럼 KPI를 전략적으로 똑똑하게 사용하고 있는 회사가 TV 광고로도 익숙한 데아고스티니^{DeAGOSTINI}다. 데아고스티니는 이탈리아의 지리학자 지오반니 데 아고스티니^{Giovanni De Agostini}가 지도를 보급할 목적으로 1901년 설립한 회사다. 이탈리아 본사를 중심으로 세계 30개국에 진출했으며, 일본에는 1988년 진출해 데아고스티니 재팬으로 현재에 이르렀다. 회사 이름만 들어도 머릿속에 '데아고스티니♪' 하고 멜로디가 떠오르지 않는가? 그만큼 TV 광고로 사람들의 머릿속에 회사명을 또렷하게 각인시켰다.

데아고스티니 재팬은 직원 수 50명(2020년 1월 기준)으로, TV 광고를 자주 내보내는 기업치고는(실례지만) 아주 소수의 인원으로 운영되고 있다. 보통 TV 광고라고 하면 광고비로 거액이 들기 때문에 매출 규모도 크고, 그에 비례해 직원이 많은 기업이 주로 이용하기 때문이다. 게다가 TV 광고에서 안내하는 상품은 고작 수백 엔짜리 잡지다. 50명이라는 적은 직원으로 운영되는 기업이 수백 엔짜리 상품을 TV 광고로 계속 내보낸다. 무슨 비밀이 있는 것일까?

사실 데아고스티니 재팬은 비상장 기업이라 재무 자료 등이 공개되어 있지 않다. 그래서 지속적으로 TV 광고를 내보내는 비밀은 추정할 수밖에 없는데, 비즈니스 모델에 그 열쇠가 있는 듯하다.

데아고스티니는 '파트워크partwork'라는 비즈니스 모델을 전개하고 있다. 파트워크란 분책 판매 기법이다. 매주 발행하는 주간 잡지에 부록이 하나씩 딸려 오는데, 구매자는 그 부록을 모으면서 퍼즐을 완성하는 듯한 기쁨을 느낀다. 계속 구독할 것인가는 구매자의 결정에 달렸다. 당연히 마지막 한 조각까지 전부 구매하면 최고 매출 달성이다. 거꾸로 첫 번째 조각만 구매하고 끝나면 최저 매출을 찍는다는 말이다. 과연 이익 창출이 가능한 장사일까?

그 물음에 데아고스티니의 미디어&프로모션 매니저인 하세가와 신이치로는 〈오리콘 뉴스〉와의 인터뷰에서 이렇게 대답했다.

"당연히 창간호에서 구매를 멈춰버리면 손실이 크겠죠. 하지만 그 후로도 계속해서 구매해주는 분이 있기 때문에 비즈니스가 성립되고요. (중략) 처음부터 끝까지 구매해주는 분은 창간호를 구매한 분의 10~20퍼센트 정도예요."

이 코멘트에 데아고스티니가 거액의 TV 광고를 내보내는 힌트가 숨겨져 있다. 그것은 '창간호'를 구매한 고객의 10~20퍼센트가 '전체 구독' 고객이 된다는 KPI다. 이른바 '큰손(전체 구매 고객)'이 사업을 지탱하고 TV 광고를 계속 내보낼 수 있게 만든다. 그래서 고작 수백 엔짜리 창간호를 TV 광고에서 매력적으로 소개하면서 방대한 고객을 계속 끌어당기고 있는 것이다. 상당히 훌륭한 전략이다.

이제 구체적으로 들어가보자. 데아고스티니는 영화 〈백 투 더 퓨처〉에 등장한 과거와 미래를 오가는 타임머신 자동차인 '드로리안'을 증정한다는 기획 광고를 내걸었다. 광고를 보면 '창간호 특별가격 499엔(4,990원)'이라는 문구가 눈에 확 들어온다. 이 기획 광고가 실린 잡지는 영화 제작 뒷이야기와 드로리안 조립법을 담아 매주 발송된다. 여기에 드로리안 부품이 매번 하나씩 딸려 오는데, 전부 모으면 실물의 8분의 1 크기의 드로리안이 완성되는 것이다. 참고로 영화 〈백 투 더 퓨처〉는 세계적으로 크게 히트 친 작품으로, 드로리안을 사랑하는 열성적인 팬도 아주 많다.

여기서 내 친구 이야기를 해보겠다. 친구는 〈백 투 더 퓨처〉나 드로리안 팬은 아니었지만 초등학생 아들이 열성 팬이었다. 사랑하는 아들이 잡지를 사달라고 조르자, 그는 499엔(세금 포함)의 부담스럽지 않은 창간호 가격을 보고 처음으로 데아고스티니를 주문했다.

얼마 안 있어 도착한 잡지에는 드로리안의 뒷부분 부품이 들어 있었다. 후미등은 좌측만 있고, 우측은 다음번을 기약했다. 참고로 다음 호부터는 1,790엔(1만 7,900원, 세금 포함)으로 조금 비싸졌다.

다음 호부터 살짝 허들이 높아지는 것에 망설여졌지만, 매번 구매하는 번거로움을 덜어주는 정기구독을 한번 고려해보았다. 게다가 정기구독하면 차량 번호판 등신대가 선물로 오니 아들의 기쁨이 배가 되고, 수고도 덜고, 일거양득, 나쁠 것이 하나도 없어 보였다. 그때 친구는 딱 멈췄다.

'응? 이제 몇 번만 더 사면 드로리안이 완성될 텐데?'

그러고 보니 홈페이지 등 눈에 띄는 곳에 몇 번 더 구독하면 드로리안이 완성되는지는 쓰여 있지 않았다.✤ 그래서 데아고스티니에 전화를 해봤더니 경악할 답변이 돌아왔다.

"드로리안 완성이요? 총 130호로 완성됩니다."

쭈뼛거리면서 완성될 때까지 다 사면 얼마냐고 묻자, 무려 23만 엔(230만 원)이 넘는다고 했다.✤✤

"2, 23만 엔이라고요…."

친구는 그 가격에 기가 팍 꺾여 정기구독까지는 하지 않았다고 한다. (창간호 499엔뿐이지만) 제 돈 들여 사례를 제공해준 친구 덕분에 데아고스티니의 뛰어난 KPI 전략 2가지를 알 수 있었다.

✤　'자주 하는 질문' 페이지에는 기재되어 있다.
✤✤　2017년이므로 소비세 8퍼센트가 포함된 가격이다.

1. 고객이 시도해보기 좋은 KPI

총 23만 엔이 넘는 상품을 '창간호 499엔'으로 안내한 것은 과연 치사한 방식일까? 절대 그렇지 않다. 비즈니스에서는 상투적인 수단이다. 소비자는 경계심이 강한 동물이다. 따라서 일단 허들을 낮추고 먹을 수 있을 만큼 잘게 쪼개놓는 것이 중요하다.

실제로 캐시를 창출하는 '본품'은 덥석 구매하지 않기 때문에 고객을 끌어들이기 위해 '미끼 상품'을 준비하는 것을 2스텝 마케팅[2]이라고 한다. 이는 통신판매, 게임 앱 과금에 자주 사용하는 방식이다. 통신판매 등에서 보는 '첫 회 샘플 무료'가 미끼 상품이고, 게임 앱의 '다음 게임 스테이지를 공략하기 위한 무기 구매'가 본품에 해당한다. 데아고스티니는 파격적으로 저렴하게 설정한 '창간호'를 미끼 상품으로, 구매를 오랫동안 지속하는 '전체 구독'을 본품으로 설정하고 있다.

2. TV 광고로 역산한 KPI

15초 TV 광고가 예컨대 500만 엔(5,000만 원)＊이라고 치자. TV 광고라고 해도 15초는 순간이다. 광고비치고는 꽤 고가다. 여기서 한 가지 질문을 던져보겠다.

"과연 1편에 500만 엔 하는 광고비는 비싼가?"

❖   지상파 방송 광고 1편의 방영비, 제작비의 합계라고 가정한다.

잘게 부순 KPI에 대입하면 그 해답이 보이기 시작한다.

• 발행 부수는 어느 정도인가?

백 엔 단위의 창간호는 어느 정도 팔릴까? 과거 매출의 성공 사례를 보면 1994년 '클래식 컬렉션' 창간호가 180만 부[3], 2008년 '역사 미스터리' 창간호가 120만 부[4]이다. 이러한 성공 사례는 극단적일 수 있으니, 창간호 가격 499엔의 '주간 백 투 더 퓨처 드로리안'은 일단 뒷자리를 털어내고 적게 잡아 10만 부(초회 구매자 10만 명)로 설정한다.

• 총매출은 어느 정도인가?

드로리안 기획 잡지의 총매출은 창간호 매출과 전체 구독 매출 2가지의 합으로 구할 수 있다.

우선 창간호 매출은 499엔 × 10만 명 = 약 5,000만 엔(5억 원)이다. 여기에 전체 구독 매출을 더한 것이 드로라인 기획의 총매출이 된다. 다시 말하지만 전체 구독까지 도달하는 비율은 창간호 구매자의 10~20퍼센트라는 KPI가 이미 산출되어 있다. 가령 전체 구독 도달률을 적게 잡아 10퍼센트로 본다면 1만 명이 된다. 전체 구독 단가는 약 23만 엔이 넘는다. 따라서 전체 구독 매출은 약 23만 엔 × 1만 명 = 약 23억 엔(230억 원)이 된다. 전체 구독 매출 23억 엔에 비하면 창간호 매출 5,000만 엔은 엄청 적다. 창간호가 얼마나 미끼 역할을 충실히 해냈는지를 여실히 알 수 있다.

다시 이야기로 돌아가 드로리안 기획의 총매출은 약 23.5억 엔(235억 원)으로 어림잡을 수 있다.

• 광고비 비율은 어느 정도인가?

앞서 TV 광고를 1편에 500만 엔으로 설정했다. 이것이 비싼지 싼지는 총매출에서 차지하는 비율로 판단할 수 있다. 총매출은 약 23.5억 엔이므로 1편에 500만 엔짜리 광고는 총매출의 약 0.2퍼센트다. 가령 광고를 10편 내보내면 광고비 5,000만 엔(5억 원)이 되는데, 총매출의 불과 2퍼센트 정도다. 지출이 근소하다면 TV 광고를 계속 내보낼 계획이 설 것이다.

처음 질문으로 돌아가자. 1편에 500만 엔인 광고비만 보고서 '비싸다'라는 판단을 내려 브레이크를 밟는 판단을 내려도 어쩔 수 없다. 하지만 총매출 비율로 보면 '싸다'라고 판단해 액셀을 밟을 수 있다. KPI를 파악하는 것만으로 앞이 뿌옇던 풍광 속에서 적절한 판단 기준을 손에 쥘 수 있는 것이다.

이커머스가 자리 잡으면서 기업과 고객이 직접 거래하는 D2C❖ 비즈니스 모델이 늘어났다. 이로써 기업은 KPI를 더 쉽

❖ 'Direct to Consumer'의 약어. 판매자(기업)가 구매자(고객)에게 직접 판매 및 소통하는 비즈니스 모델. 데아고스티니도 고객에게 직접 판매하고 있지만, 일부 서점을 통한 판매 채널을 보유하고 있으므로 완전한 D2C 모델은 아니다.

게 파악할 수 있다. 그렇게 얻은 KPI는 경영의 획기적인 전환의 판단 지표가 되어 액셀 혹은 브레이크를 밟을 시기, 기름 넣을 시기 등의 적절한 타이밍을 알려준다.

데아고스티니의 사례에서는 구체적인 KPI가 대담한 전략을 가능하게 한 것을 배울 수 있었다.

STEP 6. 가치 전달

눈길을 사로잡아 밀어붙여라

효과가 즉각적인
카피라이팅

신규 사업 준비는 원활하게 진행되었다. 미키하시를 통해 중고 캠핑 트레일러 4대도 저렴하게 구입했고, 리모델링 공사도 오픈일까지 충분히 시간을 맞출 수 있을 것 같았다. 그런데도 도도는 찜찜함이 가시지 않았다. 신규 비즈니스의 가치를 어떻게 고객에게 전달할 것인가 하는 부분에 대한 계획이 서지 않아 준비에 손을 놓고 있었기 때문이다.

판촉 담당인 미키하시는 매장 디스플레이에 능했지만, 그것은 고객이 매장을 찾아와야 효과를 발휘하는 판촉이었다. 매장을 찾아오게 만드는 판촉은 경험해보지 못한 분야라 진행이 더뎠다.

"미키하시 군, 어떻게 해야 고객에게 신규 사업의 가치가 전달돼서 매장으로 찾아올까요?"

"사장님, 실은 그 분야는 제가 처음이라 잘 모르겠습니다. 열심히 공부해서 판촉물을 만들어보려고 하는데, 조언해주실 것이 있나요?"

도도 또한 뾰족한 해답은 없었기에 망설임 없이 야시로에게 메일을 보냈다. 그리고 금방 야시로에게서 답장이 왔다.

'적당히 숙성된 음식이 있으니 먹으러 오게.'

도도는 직원 1명을 데리고 가겠다는 뜻을 더해 답장을 보낸 뒤, 미키하시를 태우고 야시로의 오두막으로 향했다. 도도는 미키하시에게 그동안 야시로와 있었던 일을 이야기하고, 많이 배워보라며 격려했다. 오두막 안은 어느 때의 온기에 더해 일식 육수 향이 은은히 퍼져 있었다.

"반갑습니다, 미키하시라고 합니다!"

"오, 자네가 도도 군의 기대주인 미키하시 군인가! 잘 부탁하네."

대충 인사를 마친 미키하시는 탁자 위의 재료에 눈길이 쏠렸다.

"야시로 선생님의 요리 솜씨가 대단하시다고 들었습니다. 오늘 저녁은 백숙…인가요?"

"꿩고기 전골일세. 마침 딱 알맞게 숙성됐네."

도도와 미키하시가 야시로를 마주 보고 나란히 앉아 젓가락으로 꿩고기를 집었다. 이어서 국물을 한술 뜬 미키하시가 탄성을 질렀다.

"아니, 대체 이게 무슨 맛인가요!"

"다시마와 간장에다 꿩고기로 육수를 냈지. 이 국물은 메밀 국수로 마무리하는 게 최고야."

꿩고기는 닭고기보다 약간 질겼지만, 씹으면 씹을수록 맛이 깊어졌다. 오물오물 곱씹던 도도가 신규 사업의 진척 상황을 보고하기 시작했다.

"신규 사업 말인데요, 한 가지 고민이 생겼습니다. 고객에게 이 사업을 어떻게 알려야 할까요? 아무리 좋은 사업 계획도 고객에게 전달하지 못하면 아무 의미가 없잖아요. 그런데 그게 정말 어렵습니다."

야시로는 꿩고기를 다 건져 먹은 냄비에 메밀국수를 넣기 시작했다.

"고객에게 가치를 전달하는 단계까지 온 건가? 가치 전달에는 3단계가 있다네. 먼저 '전달하기', 일방적으로 상대에게 메시지를 보내는 거지. 다음은 '전달받기'. 상대가 메시지를 받는 것이네. 그런데 이걸로는 상대가 움직이지 않아. 즉 구매하지 않고, 가게를 찾아오지 않는다는 뜻이지."

미키하시가 메밀국수를 삼킨 후 물었다.

"그렇죠. 그럼 어떻게 해야 좋을까요?"

"마지막 단계가 '움직이기', 상대방이 납득하고서 행동하는 단계네. 물론 이 단계가 가장 어렵지. 이 단계를 실행하려면 다이렉트 마케팅Direct Marketing❖과 헤드 카피를 알아야 하는데, 경영학 중에서도 시장이나 고객과 가장 밀접한 분야라 한번 배워두면 효과가 탁월해. 결과가 바로 나오거든."

"그 방법을 꼭 알려주십시오!"

미키하시가 벌떡 일어서서 고개를 숙였다. 도도 역시 뒤를 이었다.

"알겠네. 단 한 가지 조건이 있어. 조금 더 천천히 메밀국수를 즐겨도 되겠나?"

야시로는 꿩고기 전골에 떠다니는 국수를 집어 호쾌하게 후루룩 들이켰다. 도도와 미키하시는 웃음을 참으면서 고개를 숙이고 있었다.

❖ 우편물이나 이메일, 전화 등의 광고 매체를 통해 직접 소비자와 소통하며 판매 활동을 하는 것으로, 이러한 활동을 추적 · 기록 · 분석해 향후 검색해서 활용할 수 있도록 데이터베이스에 축적한다. 출처: 밥 스톤Bob Stone, 론 제이콥스Ron Jacobs, 《성공적인 다이렉트 마케팅 이론Successful Direct Marketing Methods》

가치 전달 1.
카피 전략

미키하시가 설거지를 하는 동안 도도는 탁자를 닦고 야시로는 커피를 내렸다.

"그럼 신규 사업까지 시간에 쫓기고 있는 듯하니 바로 헤드 카피학*을 알려주지. 헤드 카피는 실전 검증이 쉬워서 실무진 쪽이 노하우를 가득 쌓아두고 있는 분야지. 그럼 3가지로 나눠 전수해주겠네."

도도와 미키하시는 앞다퉈 노트를 펼쳤다.

"미키하시 군, 이번 신규 사업을 헤드 카피 한 줄로 표현해 보겠나?"

아이디어맨인 미키하시의 손이 잽싸게 움직였다. 그러나 노트에 카피를 적자마자 야시로의 호통이 날아왔다.

"잠깐!"

오두막에 울려 퍼진 큰소리에 도도와 미키하시가 간담이 서늘해진 듯 몸을 떨었다.

"놀라게 해서 미안하네. 우선 첫 번째 수업은 '카피 전략'이네. 그런데 무턱대고 적으면 안 되네. 일단 생각해야 해. 왜냐하면 '어떻게 말하는가'보다 '무엇을 말하는가'가 중요하기 때문이지. 즉 '어떻게 카피를 쓰는가'보다 '무엇을 전략으로 삼을 것인가'를 말하네. 여기서 말하는 전략이란 '타깃'과 '제공 가치'를 정하는 일이고. 그렇다면 단도직입적으로 묻지. 타깃은 누구인가?"

갑작스러운 질문에 미키하시가 머뭇거리다 대답했다.

"음, 아침에는 출근길 직장인, 점심에는 주부나 시니어층, 저녁에는 퇴근길 직장인이고, 캠핑을 즐기는 가족, 오프닝 첫날은 성인식을 하고 돌아가는 젊은이, 그리고…."

야시로가 왼손으로 미키하시를 저지했다.

"미키하시 군, 지금까지 말한 걸로 이해했네. 타깃이 전혀 좁혀지지 않았군. 그 상태로 판촉물을 만들면 아무 효과가 없으니 일단 타깃부터 좁히게."

"야시로 선생님, 끼어들어 죄송합니다. 신규 사업 매출은 저녁 고객에게 달려 있어요. 즉 퇴근길 직장인에게 고단가를 기대하고 있습니다. 그 사람들이 타깃입니다."

도도가 미키하시에게 도움의 손길을 보냈다. 지금까지 미키하시에게 다정한 눈길로 이야기하던 야시로가 도도에게는 냉정한 눈빛을 보냈다.

"도도 군, 저녁 고객 단가가 높으면 이용객도 줄어들 텐데, 인원이 적은 층으로 좁혀도 괜찮겠나?"

도도는 혼이 난 아이처럼 어깨가 움츠러들었다.

"예를 들어 지금 서둘러야 하는 건 1월 11일 오픈, 그날 주요 타깃은 올해 스무 살이 된 성년이겠지. 그렇다면 스무 살로 타깃을 좁혀서 스타트 대시(start dash, 출발과 동시에 전속력으로 달리는 것. ―옮긴이)를 하는 것이 제일 중요하지 않겠나?"

도도와 미키하시는 얼굴을 마주 보며 끄덕였다. 미키하시는 재빠르게 야시로의 가르침을 '시각화'했다.

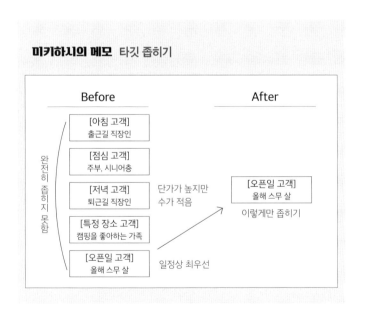

"타깃이 정해졌다면 이제 '제공 가치'를 봐야 해. 스무 살이 된 성년에게 전달할 제공 가치는 뭔가?"

"네, '즉석에서 화덕으로 구운 저당 생지 피자'가 제공 가치입니다."

"그건 메리트merit지. 베네핏benefit은 무엇인가?"

"메리트? 베네핏? 둘이 다른 건가요?"

"메리트는 상품의 셀링 포인트 · 특징 · 기능이네. 베네핏은 메리트로 얻을 수 있는 이득¹이고. 판매자 관점의 메리트, 구매자 관점의 베네핏으로 정리할 수 있지. 미키하시 군이 말한 건 메리트지. 구매자 관점에서 생각하는 베네핏, 즉 고객의 '이득'은 무엇일까?"

도도와 미키하시는 잠시 침묵하며 생각한다.

"오픈일은 성인식이 열리는 날이에요. 이건 도도 사장님과도 논의해서 결정한 부분인데, 올해 성인이 된 사람에게는 그날 무료로 먹을 수 있게 하려고 합니다. 우리 어른이 주는 딱 하루의 선물이죠. 무료는 베네핏이 될 수 있을까요?"

야시로가 미키하시를 향해 손가락을 튕겼다.

"미키하시 군, 그래, 그게 바로 베네핏이지!"

미키하시는 야시로의 칭찬에 기쁜 듯 노트에 적었다.

미키하시의 메모 카피 전략

- 메리트: 판매자가 본 상품의 셀링 포인트

- 베네핏: 구매자가 본 장점, 만족, 이득

타깃		제공 가치
올해 스무 살	X	따끈따끈하게 갓 구운 피자를 올해 스무 살에게만 무료

가치 전달 2.
눈길을 사로잡는 헤드 카피

"좋았어. '스무 살 × 무료 피자'가 카피 전략이네. 그럼 두 번째 수업은 헤드 카피야. 헤드 카피, 헤드라인의 역할은 상대를 움직여 구매하게 만드는 게 아니라네. 눈길을 잡아끄는 것이 역할이지. 여기서 눈길을 끌지 못하면 다음 단계로 진행하지 못하지. 릴레이의 첫 번째 선수와 같다네. 걸려 넘어지면 두 번째 주자에게 배턴을 넘겨주지 못해."

"야시로 선생님, 관심을 끄는 비결이 있나요?"

"헤드 카피라는 건 비즈니스 현장에서 이미 검증이 완료되었다네. 미국 광고업계에서 58년간 활약한 카피라이터인 존 케이플즈John Caples는 '과학적 광고'를 위해 끊임없이 노력했는데, 그는 4대 법칙을 발견했다네. 메모할 준비는 되었나?"

도도와 미키하시는 몸을 앞으로 빼고 야시로의 이야기를

기록했다.

"4대 법칙이란 '이득', '새로운 정보', '호기심', '간편함'을 말한다네. 이 4가지 중 어떤 것을 헤드 카피에 포함하면 눈길을 끄는 카피가 되지."

미키하시의 메모 헤드 카피 4대 법칙[2]

1. 이득이 된다
   읽는 사람은 늘 '베네핏(이득)'을 원한다.

2. 새로운 정보
   읽는 사람은 늘 '새로운 정보'를 원한다.

3. 호기심
   읽는 사람은 늘 '호기심 × 이득 × 새로운 정보'를 원한다.

4. 쉽고 빠른 방법
   읽는 사람은 '늘 힘 안 들이고' 이익을 얻기를 원한다.

"야시로 선생님, 4가지 법칙만 보면 이해하기 쉬운데, '스무살 × 무료 피자'라는 이번 카피 전략을 헤드 카피로 만들 때는 어떤 법칙을 쓰는 게 좋을까요?"

"미키하시 군, 좋은 질문이네. 그건 케이스마다 달라. 이번 같은 경우라면 1의 베네핏과 2의 새로운 정보를 조합하면 좋지 않을까 싶네. 그다음은 스스로 생각해서 써보게."

미키하시는 카피 전략을 보면서 펜을 굴렸다.

"그럼 이런 헤드 카피는 어떨까요?"

미키하시의 메모 '스무 살 × 무료 피자' 헤드 카피

2021년 성년이 된 여러분에게
올해 스무 살만!
어른의 세계로 오신 걸 환영합니다!
화덕에서 따끈따끈하게 구운 피자가 오늘만 무료!
정통 피자를 마음껏 드세요!

야시로가 손에 쥐고 껄껄 웃자, 미키하시는 살짝 울컥했다.

"아니, 미안하네. 전하고자 하는 마음이 담겨 있어서 나쁘지 않아. 단 헤드 카피로서는 꽝이야."

"대체 어디가 꽝이란 말씀이신가요?"

불안한 기색의 도도가 자기 일처럼 물었다.

"일단, 길어. 길면 읽게 되지. 읽게 된다는 건 읽는 사람의 머리에 노력이 들어간다는 말이네. 필요한 요소만 간추려서 한순간에 전달하고 싶은 내용을 각인시켜야 하네."

"하지만 전부 필요한 요소인걸요. 이걸 모두 전달하고 싶다고요."

미키하시의 대답에 야시로가 질문을 던졌다.

"미키하시 군, 그럼 자네가 적어준 헤드 카피의 요소를 상대방이 솔깃해할 순서로 나열하면 어떻게 될까?"

"음. 일단 '무료'. 그다음 '올해 스무 살', '오늘만', '정통 피자' 순일까요? 그런데 이것들을 한순간에 전달하는 건 말도 안 되죠. 불가능이에요."

야시로는 자신의 노트에 미키하시가 제시한 요소를 중요도에 따라 메모하고, 잠시 생각에 빠졌다.

"예를 들어 이런 헤드 카피는 어떤가?"

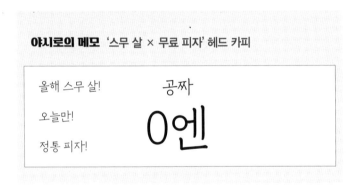

야시로의 메모 '스무 살 × 무료 피자' 헤드 카피

> 올해 스무 살!
> 오늘만!
> 정통 피자!
>
> 공짜
> 0엔

도도와 미키하시는 할 말을 잊었다. 미키하시가 나열한 4가지 요소가 전부 담겨 있으면서도 언제, 누구에게, 어떤 혜택이 제공되는지 한눈에 알 수 있었기 때문이었다. 숫자도 극단적으로 적었다.

"이렇게 '세 단어 표제'[3]라는 형태를 이용하면 리듬이 잘 느껴지는 특징이 있지. 대형 통신업체에서도 실적을 낸 방법이야. 헤드 카피에서 중요한 건 이거라네. '전부 말하지 않아도 된다', '전부 말하면 꽝이다'라는 사실! 말은 끝까지 깎아내면 원석이 드러나지."

가치 전달 3.
읽는 순서와 쓰는 순서

"헤드 카피는 '읽게 만드는' 게 아니라 '눈길을 사로잡는 것' 이 역할이라고 했지. 읽히지 않아도 좋은 데는 이유가 있어. 그 뒤로 읽게 만들 보디 카피가 기다리고 있거든."

"그 보디 카피에도 법칙이 있나요?"

"법칙? 있고말고. 다음 3요소를 순서대로 읽혀야 해. '공감', '납득', '행동' 순이야."

미키하시는 야시로가 설명한 3요소를 노트에 받아 적었다.

"이건 로버트 콜리어Robert Collier❖가 고안한 '세일즈 레터 6프 레임'이라는 기법이야. 여기서 중요한 것은 순서네. '공감'에서

❖ 미국의 사상가, 철학자, 카피라이터. 1937년 출간된 《로버트 콜리어 레터 북The Robert Collier Letter Book》은 세계적인 스테디셀러다.

미키하시의 메모 보디 카피의 3요소

시작하는 전반부는 읽는 사람의 시선에서 조심스럽게 적어나가고, 후반부로 진행되면서 쓰는 사람의 시선에서 강하게 파고드는 거야. 이걸 거꾸로 하기 쉬운데, 이 순서 그대로 읽게 만들어야 해."

"그렇군요. 그럼 빨리 '공감'부터 써보겠습니다."

그러자 야시로가 다시 큰소리를 냈다.

"잠깐만!"

도도와 미키하시는 놀라며 눈이 또 휘둥그레졌다.

"놀라게 해서 미안하네. 지금부터 '쓰는 순서'를 알려주지.

'읽는 순서'와 '쓰는 순서'는 달라. 사실 거의 정반대야. 읽는 순서는 공감 → 납득 → 행동인데, 쓰는 순서는 행동 → 공감 → 납득이야. 아래부터 요점만 적어보게."

미키하시는 제일 아래에 있는 '행동'부터 적어보았다.

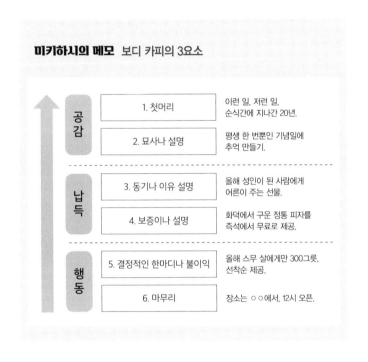

미키하시의 메모 보디 카피의 3요소

공감	1. 첫머리	이런 일, 저런 일, 순식간에 지나간 20년.
	2. 묘사나 설명	평생 한 번뿐인 기념일에 추억 만들기.
납득	3. 동기나 이유 설명	올해 성인이 된 사람에게 어른이 주는 선물.
	4. 보증이나 설명	화덕에서 구운 정통 피자를 즉석에서 무료로 제공.
행동	5. 결정적인 한마디나 불이익	올해 스무 살에게만 300그릇. 선착순 제공.
	6. 마무리	장소는 ○○에서, 12시 오픈.

"어? 뭐지, 의외로 쓰기 쉬운데요? 그런데 끝에서부터 쓰는 이유는 뭔가요?"

"이 '세일즈 레터 6프레임'을 사용해 읽게 하는 목적은 상대에게 '행동'을 유발하기 위해서네. 하지만 제일 처음 '공감'부터 적기 시작하면, 머리를 너무 쓰다가 정작 제일 중요한 '행동'에서는 힘이 다 빠져버리는 경우가 있다네. 극단적으로는 '행동'이 빠진 보디 카피가 있을 정도지. 그렇게 되면 목적이 빠진 것이니 본말이 전도된 꼴이고. 그래서 일부러 체력과 정신력이 아직 남아 있는 단계에서 보디 카피의 목적인 맨 끝부터 쓰는 거라네. 미키하시 군의 보디 카피를 보면 지정 장소에 12시 오픈 전에 가면 이득이 생긴다는 것이 명시되어 있으므로 목적이 명확하지. 꽤 좋은 보디 카피이네."

"감사합니다!"

"더 다듬으면 좋겠지만, 이상으로 카피 수업 3단계는 끝이라네. 질문 있나?"

도도가 입을 뗀다.

"아, 질문은 아니고, 감상이에요. 첫 번째 수업은 카피 전략, 두 번째는 헤드 카피 4대 법칙, 세 번째는 보디 카피를 읽고 쓰는 순서였잖아요. 3가지 다 굉장히 중요하지만, 그중에서도 첫 번째 수업의 카피 전략이 중요하다는 생각이 들었어요. 여기서 타깃이 어긋나버리거나 모호해지면 전부 엉망이 되겠어요."

"도도 군, 제대로 이해했군. 고객 전달의 최우선 과제는 '누구에게, 무엇을'인 카피 전략에서 시작하지. 한 명이라도 더 많은 스무 살 고객에게 전달되기를 바라네. 건투를 비네!"

스텝 6 지도 그리기

무대 위의 도도는 스텝 5가 떠 있는 스크린 앞에 서서 이야기를 이어나갔다.

"전략에서 전술로 이어지는 스텝 5까지 설명해드린 내용은 아주 중요합니다. 다만 그 과정은 고객에게는 전혀 보이지 않는 무대 뒤편에서 일어나는 일과 같죠. 레스토랑으로 치면 요리를 만드는 주방 공정이 스텝 5까지입니다. 그런데 스텝 6은 다릅니다. 고객이 바로 당신 앞에 있습니다. 주방에서 정성을 다해 만든 요리를 소담하게 담아 고객에게 내는 순간입니다."

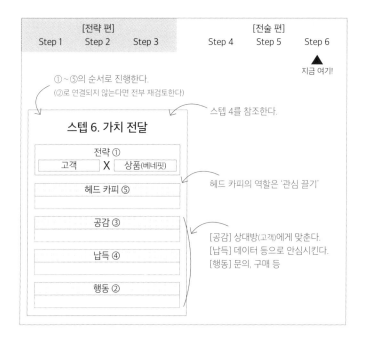

"먼저 가장 중요한 것은 헤드 카피입니다. 여기서 고객의 관심을 끌지 못하면 다음은 없습니다. 고객의 베네핏에 호소하듯 다듬어보세요."

도도가 계속한다.

"그다음 중요한 것은 순서입니다. 2가지 순서를 기억해주세요. 먼저 '읽는 순서'입니다. 위에서부터 공감 → 납득 → 행동의 순서로 고객이 읽을 수 있도록 나열합니다. 이것을 거꾸로 해버리면 그 즉시 고객이 떠나버리므로 주의하세요. 그다음은 '쓰는 순서'입니다. 이것은 읽는 순서와 거의 정반대입니다. 아래에서부터 행동 → 공감 → 납득의 순서로 쓰세요. 왜인지 이해가 가시나요?"

강연장이 살짝 술렁거렸다.

"마지막의 '행동'이야말로 가치 전달의 목적이자 목표이기 때문입니다. 처음에 행동을 적으면 목표 지점을 향해 보디 카피의 축이 하나로 뚫립니다. 가치 전달은 화술로 접근하면 어려워 보입니다. 하지만 글은 쓰면 쓸수록, 말은 하면 할수록 능숙해지고 즉각적인 효력을 발휘합니다."

즉각적인 효력이라는 말에 강연장의 술렁임이 멎고 청중은 일제히 메모하기 시작했다.

어느 보따리장수의
기막힌 세일즈 토크 비밀

  스텝 6의 가치 전달은 지금까지와는 달리 고객과 처음으로 접하는 단계이므로, 아주 구체적인 기술이 필요하다. 바로 '화술'이다. 화술이라고 하면 너무 막연할 수 있지만, 쉽게 말해 카피라이팅 기술을 가리킨다.

  당신이 평소에 접하는 인터넷 광고는 사실 2가지 종류가 랜덤으로 표시된다. 광고주는 그중 어느 쪽이 반응이 좋고, 어느 쪽이 반응이 나쁜지를 비교해 분석한다. 이 방법을 A/B테스트*라고 하는데, 다이렉트 마케팅의 전통적 검증 방법이 디지털마케팅이 된 지금도 그대로 적용되고 있다. A/B테스트는

❖   두 가지 이상의 시안 중 최적안을 선정하기 위해 시험하는 방법으로 A안과 B안을
      보여준 후 선호도가 높게 나오는 쪽으로 결정한다.

'이렇게 말하니까 팔렸다'라는 실적이 데이터베이스에 남으므로, 그 패턴이 과학적으로 검증되어왔다. 결과적으로 데이터가 법칙화된 셈이다. 그 필승 법칙 중 하나가 앞에서도 소개한 '세일즈 레터 6프레임'이다. 이것은 카피라이팅뿐 아니라 영업 등의 세일즈 토크에서도 재현할 수 있는 마법의 프레임이다.

스텝 6의 '강자의 비결'에서는 기업 사례가 아니라 사람에 주목해보려고 한다. 일본의 유명한 세일즈맨 아니 보따리장수라고 하는 게 나을까? 인기 영화 시리즈 〈남자는 괴로워〉*에서 고故 아쓰미 기요시가 연기한 쿠루마 토라지로의 세일즈 토크를 배워보자.

이 영화의 주인공인 일명 '방랑자 토라'인 쿠루마 토라지로는 전국을 떠돌아다니는 보따리장수다. 한 곳에 속박되지 않고 자유롭게 전국 각지를 돌아다니는 토라지로에게는 엄청난 무기가 있었다. 바로 일본 전국 각지 어디에 가도 통용되는 세일즈 토크sales talk 기술이다. 토라지로는 과연 어떤 세일즈 토크 기술로 돈을 번 것일까? 실제로 보따리장수로서의 기량은 어느 정도였을까?

지금까지 공개된 50개 작품 중 대부분은 토라지로의 연애와 실연을 둘러싼 인간미 넘치는 희극을 중심으로 그려져서

❖ 　아쓰미 기요시 주연, 야마다 요지 원작·감독의 영화 시리즈로, 2019년 12월에는 50주년을 기념한 50번째 작품 〈남자는 괴로워: 어서 와 토라〉가 개봉했다.

아쉽게도 보따리장수로서의 활약에 대해서는 볼거리가 많지 않았다. 그러나 기네스북도 인정할✢ 정도로 방대한 시리즈 중에는 불과 2분이지만 프로 보따리장수로서의 굉장한 세일즈 토크 기술을 들여다볼 수 있는 작품이 있다. 1994년 공개된 〈남자는 괴로워: 삼가 아뢰옵니다, 쿠루마 토라지로 님〉이다.

이 영화는 막 영업사원이 된 조카 미쓰오(요시오카 히데타카)가 친척들이 모인 자리에서 불평하는 장면에서 시작된다. 불평을 받아주던 토라지로는 옆에 있는 연필을 "나에게 팔아보라"며 조카에게 승부를 건다. 여기서부터 토라지로와 조카의 영업 롤플레잉이 시작된다. 조카는 평범하기 짝이 없는 연필에 당황했지만 이내 영업을 시작한다.

"연필 사세요. 지우개도 드린답니다."

토라지로가 "필요 없어요" 하고 단칼에 거절하자, 말문이 막힌 조카는 금방 포기하고 만다. 그러자 이번에는 토라지로가 연필을 가지고 영업사원 역할을 맡는다. 당신이라면 평범한 연필을 어떤 세일즈 토크로 팔 것인가? 실제로 이건 굉장히 어려운 과제다. 내가 기업 연수에서 수강생에게 똑같은 과제를 내면 다들 진땀을 뺀다. 영화 속에서 고전한 미쓰오와 마찬가지다.

그렇다면 토라지로는 어땠을까? 결론부터 말하면 토라지로

✢   '한 배우가 연기한 가장 오래된 영화 시리즈'로 1983년 기네스북에 등재되었다.

는 능수능란한 세일즈 토크로 불과 2분 만에 기분 좋게 조카에게 연필을 팔고 돈을 받아냈다. 대체 어떤 세일즈 토크를 구사한 것일까?

실은 본문에서도 소개한 타인을 설득하는 '마법의 프레임'을 사용했다. 쓰는 사람(판매자)과 읽는 사람(고객)은 양극단에 위치한다. 판매자는 '비싸게 빨리 팔고 싶어 하고' 고객은 '꼼꼼히 따져가며 싸게 사고 싶어 하기에' 이해득실이 정면충돌한다. 그렇다 보니 판매자는 상대방의 입장이 아니라 본인의 입장에서 자꾸 영업을 전개한다. 이때 마법의 프레임을 쓰면 상대방(고객)의 입장이 되어 구매 행동이라는 목적에 자동으로 도달한다.

조카가 팔지 못한 연필을 토라지로가 건네받아 영업을 시작하는 장면으로 돌아가보자. 토라지로는 다짜고짜 연필을 팔지 않고 가만히 연필을 바라보다 천천히 이렇게 말문을 뗐다. (아래는 영화의 실제 장면을 필자가 요약한 것이다.)

(토라지로가 친척 아주머니를 향해)
"아주머니, 저는 이 연필을 보면 어머니가 떠올라요. 제가 손재주가 없어서 연필 하나 제대로 깎지 못했거든요. 그랬더니 저녁에 어머니가 연필을 깎아주셨죠. 화로 앞에서 단정히 앉아 깎아주셨는데 연필 부스러기가 화롯불에 들어가면 좋은 향이 확 풍기더군요. 저는 뾰족하게 다듬어진 연필로 공부는 안 하고 낙서만 해댔

는데요. 그래도 뾰족한 연필이 뭉툭해지면 그만큼 똑똑해진 기분
도 들었어요."

(다시 조카를 향해)
"손님, 볼펜이 편리하고 좋긴 하죠. 그런데 맛이란 게 없잖아요.
그런 점에서 연필은 쥐는 맛이 일품이죠. 나무의 온기, 육각형 모
양이 손가락 사이사이에 착 붙고요. 뭐라도 좋으니 한번 써보세
요."

(조카가 건네받은 연필로 한번 써보더니 필기감에 수긍한다.)
"어때요? 백화점에서는 1자루에 60엔은 하는 물건이에요. 하지만
조금 깎은 부분이 있으니 30엔에 해드리지요."

(조카가 쓰기를 멈추고 얼굴을 들어 토라지를 쳐다본다.)
"알겠어요, 알겠어. 공짜로 준 셈치고 20엔!"

('응? 그래도 돼?' 하는 듯한 표정을 짓는 조카)
"빨리 주세요. 아, 얼른요."

20엔을 지불하고 정신이 든 조카가 "제가 졌습니다!" 하고
감탄하기까지 불과 2분밖에 걸리지 않는 세일즈 연극이었다.
이제 이 대화를 '마법의 프레임'에 대입해보자.

프레임	토크 사례	
1. 첫머리	(아주머니에게) 나는 이 연필을 보면 어머니가 떠오른다.	
2. 묘사나 설명	어머니가 연필 부스러기를 화롯불에 넣으면 좋은 향이 났고, 뭉툭해진 연필을 보면 똑똑해진 느낌이 들었다.	**조심스럽게 적어나간다.**
3. 동기나 이유 설명	볼펜은 편리하지만 맛이 없다. 연필은 쥐는 맛이 다르다. 나무의 온기, 육각형 모양이 손가락에 착 붙는다.	
4. 보증이나 설명	시험 삼아 한번 써보라.	
5. 결정적 한마디나 불이익	백화점이었으면 60엔인데 30엔에 주겠다. 아니 공짜로 준 셈치고 20엔에 주겠다.	**강하게 파고든다.**
6. 마무리	빨리 달라. 얼른.	

출처: 요코타 이사오, '방랑자 토라에게 배우는 단 2분 만에 팔아 치우는 세일즈 법칙'

어떤가? 프레임대로 세일즈 토크가 깔끔하게 진행된 것 같지 않은가? 한편으론 이런 의문이 들 수도 있다. '어차피 영화 속 이야기잖아.' '아니, 말주변이 좋은 토라니까 가능했겠지.' 직업적인 스킬도 있었겠지만 "그렇게 말하면 다 끝이지"라는 토라의 대사로 대신 답하고 싶다. 만약 기회가 있다면 속는 셈치고 시도해보길 바란다.

중요한 것은 전반부와 후반부의 순서다. 전반부(프레임의 ①, ②, ③)는 읽는 사람의 시점(고객)에서 조심스럽게 이야기를 꺼낸다(적어나간다). 후반부(프레임의 ④, ⑤, ⑥)는 쓰는 사람의 시점(판매자)에서 강하게 파고든다. 단순한 이야기이지만 이 순서를 거꾸로 하면 안 된다!

토라지로의 조카는 정반대로 시작했다가 실패했다. 방랑자 토라에게는 능수능란한 화술 자체보다도 더 많은 가치를 전달하게 만드는 '순서'를 배울 수 있다.

THE ONE PAGE FUTURE MAP

전략과 전술의 수레바퀴

한 장의 미래 지도를
완벽 해설하다

도도가 리더로서 '전략'을 결정하고, 히라노 모녀와 아오노, 미키하시, 오다 등의 직원이 '전술'을 실행한 이야기를 한 장의 미래 지도에 정리하면 이렇게 완성된다. 한 장으로 만듦으로써 관계자가 모두 둘러앉아 볼 수 있게 되는데, 이 부분이 아주 중요하다.

이제 한 번 더 스텝 1부터 스텝 6까지의 과정을 도도의 사업 이야기로 정리해보자.

먼저 상단의 스텝 1에서 스텝 3까지는 전략 편.

그리고 하단의 스텝 4에서 스텝 6까지는 전술 편이다.

(오른쪽 한 장의 미래 지도에 대한 자세한 설명은 스텝별로 다음 페이지부터 상세히 설명하고 있다. 한 장의 미래 지도의 전체 흐름만 기억하길 바란다.)

전략과 전술의 수레바퀴

관점	주어	스텝	사고법	내용
전략	리더	Step 1. 목표 설정	구체적	목표를 높게 잡아라
		Step 2. 시장 파악	구체적 → 개념적	바람을 읽어라
		Step 3. 전략 결정	개념적	방향을 정하라

Step 1. 목표 설정

도도는 비디오 대여점 경영자로서 '동네 손님 × DVD 대여 상품'을 전략적으로 제공한다. 그해 연매출 실적은 0.5억 엔. 야시로의 제안에 따라 10배 목표인 5억 엔을 목표로 세운다. 스텝 1에서는 이렇게 '구체적'인 숫자가 필요해진다. 강자의 사례로는 10×를 철저히 밀어붙인 '구글'을 든다.

Step 2. 시장 파악

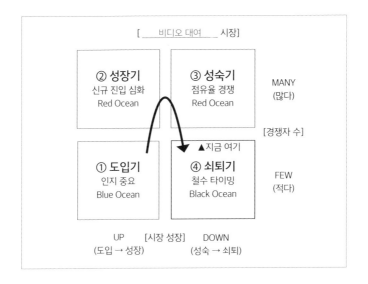

현재 시장을 파악하니 비디오 대여 시장은 '쇠퇴기'에 속했다. 이때 고민해야 할 것이 스텝 1의 목표를 달성하려면 지금 상황에서 10배 목표를 달성할 수 있는가 하는 물음이다. 스텝 1의 10배 목표가 쇠퇴기 시장에 있어서 이루어질 수 없다면 몸담고 있는 곳을 바꿔야 한다. 도도는 새의 눈으로 분위기를 감지해 비디오 대여 시장에서 벗어날 결단을 내린다. 강자의 사례는 '넷플릭스'를 든다. DVD 대여라는 쇠퇴기 시장에서 OTT 시장의 '도입기'로 화려하게 변모한 넷플릭스는 지독한 집념으로 전 세계에 진출해 엄청난 성공을 거둔다.

전략과 전술의 수레바퀴

Step 3. 전략 결정

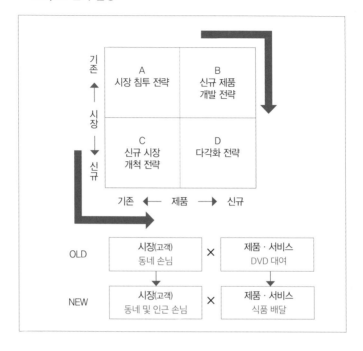

도도는 스텝 2 시장 파악에서 이대로라면 10배 목표를 달성하기 어렵다는 것을 깨닫고 전략 변경을 검토한다. '구체적'인 전략이 없는 도도에게 야시로는 '개념적'인 전략으로 4가지 방향을 제시한다. 일단 개념적으로 생각하는 게 방향성을 결정하기가 더 쉽기 때문이다. 그것이 '앤소프 매트릭스'다.

단 4가지 전략 중 어느 것을 선택할지는 스스로 결단을 내려야 하는데, 야시로가 제시한 비교표를 바탕으로 도도는 방향성을 결정한다(훗날 직원들의 의견으로 변경). 강자의 사례로는 변화무쌍한 생존자인 '후지필름'을 든다.

전술 편

관점	주어	스텝	사고법	내용
전술	직원	스텝 4. 전술 검토	개념적	잘게 쪼개라
		스텝 5. 목표 구체화	개념적 → 구체적	적극적으로 뛰어들게 하라
		스텝 6. 가치 전달	구체적	눈길을 사로잡아 밀어붙여라

Step 4. 전술 검토

비교

Customer (고객)	동네 손님(DVD 대여 고객)
피자를 좋아하지만 살은 찌고 싶지 않은 고객	

Product (상품)	DVD 대여
직접 만드는 갓 구운 저당 피자	

Price (가격)	약 700엔
600~2,000엔	

Place (유통)	역 앞 매장
푸드트럭 4대	

Promotion (판촉)	구작은 1주일에 100엔으로 할인 신규 가입비 무료 이벤트
오픈일(성년의 날)에는 스무 살 한정, 피자가 무료	

전략과 전술의 수레바퀴

여기서부터는 직원이 주도한다. 마치코 점장을 중심으로 직원이 전술을 짜는데, 여기서 빠지기 쉬운 함정은 리더가 전술까지 짜버리는 것이다. 그런 불상사를 막기 위해 도도는 코칭적 질문을 사용해 직원이 주체적으로 생각하게 만든다. 강자의 사례로는 리더의 대변혁을 코칭으로 직원에게 침투시킨 '마이크로소프트'의 예를 든다.

Step 5. 목표 구체화

점검		
목표		0.5억 엔
5억 엔		
고객 수		1일 약 200명
1일 약 380명		
단가		약 700엔
600~2,000엔		
시장 점유율		미상
이후 설정		

스텝 4의 전술은 아직 '개념적'이다. 그러다 보니 초조한 도도와 나름대로 열심히 일하려는 직원 사이에 충돌이 생긴다. 그래서 도도는 야시로에게서 KPI 설정법을 배운다. 업무가 수

치로 나타나자 직원이 각자 해야 할 일이 명확해졌다. 강자의 비결은 KPI 관리로 액셀과 브레이크를 자유자재로 밟는 '데아고스티니'를 든다.

Step 6. 가치 전달

스텝 6에서는 지금까지 검토한 것을 드디어 고객 앞에 전달해야 한다. 이를 위해 가장 '구체적'인 가치를 알기 쉽게 전달할 필요가 생겼다.

　　　　　　　　　　전략과 전술의 수레바퀴

- 타깃 × 제공 가치를 결정히는 '전략'
- 눈길을 사로잡는 '헤드 카피'
- 공감 → 납득 → 행동의 '보디 카피'

이러한 노하우를 미키하시를 중심으로 배운 뒤 공들여 완성한다. 강자의 비결에서는 일본의 영업맨 '쿠루마 토라지로'를 소환한다.

긴 이야기도 반드시 '한 장'에 정리하라.

이노베이션, 신규 제품 개발, 신규 시장 개척 등 표현 방식은 다양하지만, 새로운 것에 대한 도전은 눈에 보이는 과거를 그대로 따르는 것이 아니라 눈에 보이지 않는 미래를 그리고 실행하는 것이다. 그래서 도전에는 망설임이 따라붙는다. 그렇기에 '한 장의 미래 지도'를 그려야만 한다.

세상에는 어제까지의 전문가는 있어도 내일의 전문가는 없다. 내일의 전문가에 다가갈 수 있는 것은 새로운 것에 도전하는 리더와 직원 당사자뿐이다.

사이버에이전트의
'한 장의 미래 지도'

'리소나, 헤이세이(1989~2019) 입사 동기 임원 셋이 젊어
질 중책'

일본 경제전문지 〈도요게이자이 온라인〉에 실린 뉴스는 충
격적인 헤드라인과 함께 내 눈길을 사로잡았다. 2020년 1월
31일에 열린 회견에서 대형 금융그룹인 리소나홀딩스(이하,
리소나HD)는 3명의 임원 인사(모회사 사장 1인, 자회사 사장 2
인)를 단행하며 4월 1일자로 시행할 것을 발표했다. 이 회견에
서 눈에 띈 부분은 세 사람이 무려 헤이세이 입사(1989년) 동
기라는 점이다. 이 3인방의 나이는 전부 54세였다(나이는 모두
2020년 1월 31일 기준). 뉴스 헤드라인에 '헤이세이 입사 동기'
글자를 넣은 의도는 얼추 짐작된다. 하지만 받아들이는 쪽은
크게 둘로 나뉘는 모양새다.

- 하나. 벌써 그렇게 시대가 변했나 → 신선함을 느낀다.

어쩌면 이 헤드라인은 '신선함'을 어필하려고 했는지 모른다. 왜냐하면 은행 임원의 대부분은 쇼와(1926~1989) 출생에 쇼와 입사인 60대 이상이 차지하고 있는데, 54세에 대형 금융그룹의 톱 경영진은 빠르다, 젊다, 신선하다로 받아들여질 수 있기 때문이다. 전통을 중시하는 은행업계 내에서 비교할 경우 이렇게 받아들여지는 것도 자연스럽다.

- 둘. 아직도 그런 시대인가 → 고루함을 느낀다.

한편 54세가 사장에 취임하는 것이 뉴스거리가 되는 것 자체에 위화감과 고루함을 느끼는 쪽도 있다. 젊은 세대가 경영의 키를 쥔 경우가 많은 IT 업종과 비교하면 그 느낌이 한층 더 강해진다.

그렇다면 헤이세이(1989~2019) 입사 동기가 과연 젊은지 아닌지 한번 검증해보자. 일본의 연호❖를 기준으로 다음 그림처럼 나눠보았다.

'태어난 연호'와 일을 시작한 '입사 연호'로 나누면 4가지로 분류할 수 있다. 위에서부터 YOUNG 세대, 아래로 가면 OLD 세대가 된다. 현재 일본의 직장인이라면 분명 어딘가에

❖ 여기서는 메이지, 다이쇼를 제외한 쇼와(1926~1989), 헤이세이(1989~2019), 레이와(2019~) 3가지를 사용했다.

해당될 것이다.

최상단의 가장 젊은 세대인 'H→R세대(1989~2019 출생, 2019~ 입사)'는 조금씩 사회라는 시장에 나오고 있다. 앞서 나온 리소나HD의 경영진은 두 번째로 나이가 많은 'S→H세대 (1926~1989 출생, 1989~2019 입사)'인데, 이들 나이가 뉴스가 되었다. 바꿔 말하면 2020년 시점에서 대형 은행 임원의 대부분이 아직도 가장 나이가 많은 'S→S세대(1926~1989 출생, 1926~1989 입사)' 출신이라는 말이다. 이 세대가 지배하는 은행업계에서 비교하면 헤이세이(1989~2019) 입사 동기를 '신선함' 측면에서 보도한 것이 납득이 된다.

한편 나는 아직 'S→S세대' 임원이 상당수를 차지하는 은행업계의 고루함에 충격을 받았다. 참고로 OLD 세대가 나쁘다는 말은 아니다(나도 'S→H세대'다!). OLD 세대는 경험을 통해 젊음으로는 얻을 수 없는 판단력을 갖추고 있다.

반면 시대의 변화를 감지하는 능력은 YOUNG 세대 쪽이 더 탁월할지 모른다. 개인적 견해이지만, OLD 세대와 YOUNG 세대가 협력해 '전략'과 '전술'을 균형 있게 양립하는 것이 가장 이상적이라고 생각한다. 그런데 그런 기업이 과연 존재할까? 이상에 가까운 독특한 기업이 딱 한 곳 있다. 인터넷 관련 기업인 사이버에이전트CyberAgent◆다. 사이버에이전트는 2015년부터 2019년까지 5년간 매출액이 2,543억 엔에서 4,536억 엔으로 증가하는 순조로운 추세를 보인다.

사이버에이전트의 사장은 후지타 스스무(46세)로 'S→H세대'다.◆◆ 약간의 차이는 있지만 리소나HD의 경영진과 동세대(S→H세대)다. 후지타 스스무가 이끄는 사이버에이전트가 독특한 이유는 젊은 사원에게 서서히 자회사 경영을 맡겨나가고 있기 때문이다. 데이터를 보면 사이버에이전트의 자회사 수는 115개(2019년 9월 기준)로, 2012년부터 7년간 약 3배수까지 확장되었다. 자회사 경영진으로 발탁된 이들은 20대의 젊은 층이 주를 이루었다. 그러니까 두 번째로 젊은 'H→H세대(1989~2019 출생, 1989~2019 입사)'가 회사의 주축이 되었다는 말이다.

❖   도쿄도 시부야구에 본사를 둔 인터넷 관련 사업 회사로 도쿄증권거래소 1부 상장 기업이다. 광고사업 외 아베마TVAbemaTV 등을 운영한다. 2019년 9월 기준 매출액 4,536억 엔이다.

❖❖   쇼와 48년생(1973년)으로, 헤이세이 9년(1997년)에 인텔리전스에 입사했다.

특히 놀라운 것은 신졸 입사와 동시에 자회사 사장에 취임한 경우도 있다는 사실이다. 인턴과 학창 시절의 프로젝트를 그대로 들고 와, 회사를 백업하면서 경영자 경험을 쌓을 수 있는 것이다. 그러다가 2019년 4월 가장 생기 넘치는 'H→R세대(1989~2019 출생, 2019~ 입사)' 신졸 직원 중에서도 자회사 사장˙이 탄생했다. 이렇게 젊은 사원이 계속 늘어나 5,282명의 사원 중 20대를 중심으로 한 약 300명 이상이 임원을 포함해 관련 자회사 경영에 관여하게 되었다.[1]

54세의 사장 취임이 뉴스거리가 된 '리소나HD'. 한편 20대 사장이 척척 등장하는 '사이버에이전트'. 물론 업종과 규모가 모두 다르니 일괄적으로 비교할 수는 없지만, 일단 그 차이는 어디서 나오는 것일까? 사이버에이전트의 인사를 총괄하는 소야마 데쓰히토 이사(2020년 2월 기준)는 젊은 직원을 경영자로 발탁함으로써 젊을 때부터 양질의 결단을 내릴 자리를 제공한 이유를 이렇게 밝혔다.

"경영자는 축구 선수나 피겨스케이트 선수와 같습니다. 젊을 때 성공과 실패를 경험해야 빨리 익숙해집니다."[2]

직원의 재능을 꽃피우기 위해서는 성공과 실패를 모두 맛볼 수 있는 '결단 경험'이 무엇보다 중요하다고 본 것이다. 이를 위해 구체적으로 시행하고 있는 제도가 '내일 회의'다.

❖   비즈봇 대표이사 사장 아라타케 히로토는 레이와 원년(2019년)에 신졸 입사.

2006년부터 꾸준히 진행하고 있는 신규 사업 콘테스트로, '내일 회의'에 참가하라는 지명을 받은 5명 전후의 젊은 직원이 한 달 동안 '내일'을 향한 신규 사업을 제안한다. 제안서가 채택되면 바로 회사를 만들어 사업을 개시한다. 이 '내일 회의'가 내일의 사장을 탄생시키는 원천인 셈이다.

물론 신규 사업에는 늘 실패가 따른다. 얼마나 실패했는지는 불분명하지만 성공 사례는 분명하다. 지금까지 탄생한 27개 사에서 최소 매출 2,500억 엔, 영업이익 350억 엔을 벌어들였다. 이러한 신규 사업의 성공 사례에서 배울 점은 무궁무진하지만 특별히 배워야 할 것은 따로 있다. 'OLD 세대'와 'YOUNG 세대'가 협력해서 '전략'과 '전술'을 균형 있게 양립시킨 점이다.

언뜻 보면 YOUNG 세대의 활약이 눈에 띄지만, OLD 세대의 탄탄한 지원이 있었다는 사실을 잊어선 안 된다. 이 둘의 역할 분담은 명확하다. 경험이 풍부한 OLD 세대가 '전략'을, 시대의 흐름에 민감한 YOUNG 세대가 '전술'을 담당해 균형 있게 양쪽 수레바퀴를 굴린다는 점이 독특하다. 예를 들어 '내일 회의'의 주역인 아이디어 제안자는 YOUNG 세대이지만, 채택 여부를 결정하는 것은 경험이 풍부한 임원 등의 OLD 세대다.

사이버에이전트의 자회사 115개 사를 묶는 모회사는 사이버에이전트다. 사이버에이전트의 의사 결정 기관인 이사진은 일찍이 8명을 상한※으로 두었지만, 현재는 후지타 스스무 사장을 필두로 총 15명으로 구성※※되어 있다. 임원 명단을 보면 실제로는 15명 중 OLD 세대인 S→H세대(1926~1989 출생, 1989~2019 입사)와 S→S세대(1926~1989 출생, 1926~1989 입사)가 90퍼센트 이상이다.

사이버에이전트의 임원 구성※※※

H→R세대 헤이세이(1989~2019) 출생, 레이와(2019~) 입사	0명(0%)
H→H세대 헤이세이(1989~2019) 출생, 헤이세이(1989~2019) 입사	1명(7%)
S→H세대 쇼와(1926~1989) 출생, 헤이세이(1989~2019) 입사	12명(80%)
S→S세대 쇼와(1926~1989) 출생, 쇼와(1926~1989) 입사	2명(13%)

한편 YOUNG 세대의 대표로 자회사 사장을 가장 많이 맡은 'H→H세대(1989~2019 출생, 1989~2019 입사)'는 1명밖에 없다. 대체 어떻게 된 일일까?

❖ CA8: 이사는 8명을 상한으로 두고 자리를 서로 양보하는 제도로, 현재 8명 상한은 폐지되었다.
❖❖ 2020년 2월 시점의 임원 구성은 이사 12명, 사외이사 3명이다. 출처: 사이버에이전트 홈페이지
❖❖❖ 2020년 2월 시점의 임원 공개 프로필을 참고로 산출.

전략과 전술의 수레바퀴

일단 'S→S세대(1926~1989 출생, 1926~1989 입사)'의 2명은 모두 사외이사다. 이들에게는 풍부한 경험에서 나오는 통찰력과 안전장치 역할을 기대할 것이다. 그다음 80퍼센트를 차지하는 'S→H세대(1926~1989 출생, 1989~2019 입사)'의 대부분은 회사 초창기부터 있었던 상근이사다. 정신력과 체력, 기술을 모두 갖추고 노련한 힘으로 전략을 세우면서 과감하게 결단을 내릴 것이다. 가장 젊은 'H→H세대(1989~2019 출생, 1989~2019 입사)'는 부족하기 쉬운 경험을 웃도는 후각이나 센스를 높이 살 것이다.

물론 이런 것들은 어디까지나 추정일 뿐이다. 단 '전략'과 '전술'에 대한 역할 분담은 내 머릿속에 있는 한 장의 미래 지도에 깔끔하게 정리된다.

경험이 풍부한 OLD 세대가 자회사 설립을 '전략'적으로 결단한다.
센스가 풍부한 YOUNG 세대가 자회사 경영을 '전술'적으로 실행한다.

이 책의 이야기에서도 그렇고 실제 비즈니스 현장에서도 '전략'과 '전술'을 연결하는 부분이 가장 부딪힐 일도 많고 까다로운 부분이다. 양쪽의 균형을 맞춰 매끄럽게 수레바퀴를 굴려 나가는 사이버에이전트의 경영 기술은 '한 장의 미래 지도'의 교과서라고 할 수 있다.

에필로그

2021년이 2050년에게

2021년 12월 1일 수요일
@야시로의 오두막

야시로와 도도는 오두막에서 축배를 들었다.

"야시로 선생님, 정말 고맙습니다. 오두막에서 가르쳐주신 것을 실천한 지 벌써 1년이 되었습니다. 모든 것이 이 '한 장의 미래 지도'를 그리는 것에서 시작되었지요."

두 사람은 탁자에 놓인 한 장의 미래 지도를 바라보았다. 거기에는 도도가 추진한 신규 사업의 전략과 전술이 한 장에 담겨 있었다.

눈이 내렸던 작년과 달리 오늘 밤은 바깥에 겨울 달이 밝게 빛나고 있었다. 야시로는 은은하게 시나몬 향이 나는 수제 뱅쇼를 마시면서 만족스러운 듯 끄덕였다.

"도도 군, 제일 처음 10배 목표라는 과제를 냈을 때 '말도 안 된다'면서 고개를 저었던 자네의 모습이 떠오르네. 그런데 솔직히 말하면 나도 자네가 정말 실현해낼 줄은 몰랐어."

"야시로 선생님, 저야말로 고백하자면 10배 목표의 전략과 전술을 한 장에 그릴 수 있으리라곤 솔직히 믿지 않았어요. 그런데 직원들과 하다 보니 정말 그려지지 뭐예요."

야시로와 도도가 소리 높여 웃었다. 지금 두 사람이 마주 보며 웃을 수 있는 것은 도도가 목표를 달성해냈기 때문이다. 불과 1년 만에 10배 목표인 매출 5억 엔을 뛰어넘는 실적을 올린 것이다.

쾌조의 출발은 푸드트럭 사업 첫날부터 시작되었다. 2021년 1월 11일, 성년의 날은 연휴 3일의 마지막 날이었다. 미키하시가 공들여 만든 헤드 카피를 담은 안내물은 홍보물과 SNS를 통해 성년을 맞이한 젊은이들에게 퍼져나갔다. '무료 피자'를 보고 몰려든 인원은 예상을 뛰어넘었는데, 주변 마을뿐 아니라 멀리 떨어진 도내의 청년들까지 찾아와 북적북적한 대행렬을 이루었다.

여기서 도도와 직원들은 최초의 위기와 기회에 직면했다. 어마어마한 인파에 현장이 아수라장이 된 것이다. 피자를 건네는 시간이 너무 오래 걸렸던 탓이다. 직원들은 효율성을 제쳐두고 피자를 건네면서 스무 살 고객의 눈을 바라보며 "성년이 된 것을 진심으로 축하합니다! 어른의 세계에서도 힘내세요" 하고 한 사람 한 사람에게 축하 인사를 건넸다. 직원들의 이러한 친절하지만 느긋한 응대에 행렬 뒤편에 서 있던 사람들은 짜증을 내기 시작했다. 그런데 먼저 피자를 다 먹은 손님이 하나둘 직원을 도와주었고, 마지막에는 10명 가까운 손님이 자원봉사자로 일손을 보태주었다. 짜증을 내던 사람들도 그 모습을 보더니 화를 가라앉혔다.

알록달록한 피자는 맛에서도 호평을 받았는데, 스무 살 손님들은 너도나도 SNS에 올릴 만한 멋진 사진을 찍느라 바빴다. 여기서 예상치 못한 물결이 일었다. 손님들이 직원과 자원봉사자의 진심이 담긴 응대에 '감동 서비스'라는 해시태그를 달아 SNS에 글을 올려 입소문이 나기 시작한 것이다. 이제 막 성년이 된 청년들을 취재하고 있던 방송국도 그 소식을 듣고 전국에 푸드트럭 피자 이야기를 알려주었다. 무료로 피자를 나눠주느라 지출이 만만치 않았지만, 그것과는 비교도 안 될 정도의 광고 효과를 누린 것이다. 그 덕분에 동네 손님은 물론 먼 곳에서 일부러 찾아오는 손님까지 늘어났고, 도도와 직원들은 대형 캠핑 트레일러를 추가 구매해 시장별로 전략을 바꿔가며 각 시장에서 상위 점유율을 확보해나갔다.

오피스 빌딩으로 개방된 공간이 많은 도내 시장에서는 회전율을 중시한 저당 피자, 교외 시장에서는 재택근무 확대로 도심까지 나가지 않는 직장인을 대상으로 와이파이와 전원을 완비한 이동 오피스 트레일러를 내세웠다. 거의 해마다 반복되는 자연재해 발생 시기에는 대형 트레일러를 끌고 가 피해지역에 무상으로 식량 지원에 나서기도 했다. 100대가 넘는 트레일러가 고속도로를 달리는 장관은 매스컴에서도 대대적으로 보도돼 전국구의 명성을 얻었다. 그 후 불과 3년 만에 신규 사업은 일본 시장을 제패한 뒤 인도네시아 진출을 시작으로 아시아 시장에서 점유율 1위를 차지하게 되었다. 지금부터 오두막에서 나눌 이야기가 해외 진출의 결정적인 계기가 되리라는 것을 이때 두 사람은 알지 못했다.

야시로와 도도는 석 잔째 뱅쇼를 음미하고 있었다.

"도도 군, 이제부터는 어떻게 할 텐가?"

"그게… 푸드트럭 사업을 전국적으로 확장하고 싶습니다."

야시로는 잠시 잔을 기울이면서 생각했다.

"그래, 그것도 나쁘지는 않네만… 크게 발전시키기에는 한계가 있어서 말이지. 나는 도도 군이 더 크게 도전해보는 것도 좋을 것 같네. 1년 만에 다시 목표 설정을 해보면 어떻겠나?"

"네, 지금은 10×라고 해도 놀라지 않을 거예요. 현재의 실적 5억 엔을 내년에는 50억 엔으로 만들어볼까요?"

취기가 살짝 오른 도도는 대담하게 던져보았지만 야시로는 냉정했다.

"도도 군, 아니 이번에는 장기 목표일세. 2050년의 목표를 설정해보지 않겠나?"

"대략 30년 뒤네요? 꽤 먼 미래이긴 한데, 좋아요! 지금의 몇 배로 잡아볼까요?"

잠시 침묵이 이어진 후 야시로가 답했다.

"1만 배. 1만 배면 얼마나 되지?"

도도는 저도 모르게 삼키고 있던 와인을 뿜고 말했다.

"아무리 그래도…. 5억 엔의 1만 배는 5조 엔인데요?"

"음, 30년을 투자하기에 딱 좋은 목표 아닐까? 어떻게 해야 그곳까지 도달할 수 있을지 궁리해보자고."

야시로와 도도는 탁자에 잔을 내려놓고 취기가 가신 듯 서로 노트를 꺼내 들었다.

"매출액 1조 엔을 뛰어넘는 기업은 일단 성장 가능성이 있는 풍요로운 시장이 받쳐줘야 한다네. 내 분석으로는 이러한 시장의 키워드는 의·식·주·생명·이동 5가지야. 이 5가지에서 니즈가 폭발하기 때문이지."

이어서 야시로는 노트에 빽빽이 쓴 메모를 읽기 시작했다.

"이게 5가지 키워드 시장에 속하는 대표적인 기업의 매출액이지. 의는 어패럴로 유니클로UNIQLO의 패스트리테일링FAST RETAILING이 약 2.3조 엔[1]. 식은 식품제조 업체로 음료 분야의 아사히홀딩스Asahi Holdings가 약 2.1조 엔[2]. 식품 분야의 메이지홀딩스Meiji Holdings가 약 1.2조 엔[3]. 주는 건설과 부동산. 다이와하우스DAIWA HOUSE INDUSTRY가 약 4.1조 엔[4]. 생명은 생명보험과 의료로 닛폰생명이 약 6.6조 엔[5]. 이동은 자동차, 교통, 통신으로 도요타자동차TOYOTA가 약 30조 엔[6]. 현재 도요타가 일본의 매출 1위를 찍는 기업이야."

도도는 하늘을 올려다보았다.

"야시로 선생님, 그럼 5조 엔을 달성하기 위해서는 도요타 같은 자동차 시장 진입이 좋은 걸까요?"

"아니, 그렇지 않아. 내가 잘하는 사업에서 벗어나지 않는 게 좋다네. 의·식·주·생명·이동의 시장 중에서 도도 군은 어느 것을 잘하는 것 같은가?"

"근 1년간 해온 식품 시장이요. 그런데 지금 진행하는 저단가 비즈니스의 식품 시장으로는 고단가 비즈니스의 자동차 시장을 절대 이길 수 없을 것 같아요."

"도도 군, 그렇지도 않네. 예를 들어 미국의 월마트는 'Everyday Low Price(매일 저가)'를 내세운 소매업이야. 1962년 창업한 이후 약 60년간 매출액을 약 56.6조 엔*까지 끌어올렸어. 동종업인 아마존의 매출액 25조 엔 또한 대단하지만 한참 못 미치지. 도요타의 매출액 30조 엔은 일본에서는 최고이지만 그것과 비교해도 2배 가까이 되고. 저단가 비즈니스여도 사람들이 매일 쓰는 상품을 팔고, 인구가 많다면 자연스레 발전하는 거야."

"하지만 앞으로 인구는 감소하지 않나요?"

야시로는 고개를 저었다.

"네? 늘어나나요?"

❖　2019년 1월 결산 매출액 5,144억 달러를 1달러 110엔으로 계산. 출처: 《닛케이 비즈니스》 No.2025 닛케이BP

"전 세계적으로는 계속 늘고 있어. 세계 인구를 2015년의 73억 5,000만 명에서 2030년에는 85억 명, 2050년에는 97억 명까지 늘어날 것으로 추산하고 있어.[7] 특히 많이 증가하는 지역은 인도를 중심으로 한 아시아와 아프리카야."

이때 야시로가 한 이야기가 도도의 장기 시야를 더욱더 넓혀 세계 시장 진출의 계기가 된다.

"식품 시장 외에 앞으로 발전할 시장이 또 있을까요?"

"실은 딱 하나 아직 잘 알려지지 않은 맹점 시장이 있어. 도도 군, 일본의 국토 면적이 세계 몇 위인지 알고 있나?"

고개를 옆으로 젓는 도도에게 야시로가 다시 질문했다.

"그렇다면 세계적으로 일본의 국토는 좁을까 넓을까? 어느 쪽인 것 같나?"

"그건 작은 섬나라이니까 당연히 좁은 쪽 아닌가요? '좁은 일본에서/그렇게 서둘러/어디로 가는가*', 이런 표어도 들어 본 적이 있어요."

"오랜만에 듣는 표어군. 그래, 맞아. 일본은 좁지. 우리는 그렇게 세뇌당했어. 데이터로 확인해보자고. 국토 면적이라고 하면 일본은 세계 61위야. 전 세계적으로 나라가 196개국** 이니까 크기로는 상위 30퍼센트 정도에 있는 거지."

❖　　1973년 전국교통안전운동의 표어 모집에서 내각총리대신상을 수상한 표어.

❖❖　일본이 승인한 국가 및 일본의 총합. 출처: 외무성 홈페이지 2015년 5월 15일 시점.

"오, 상위 30퍼센트라니 의외로 넓네요!"

야시로는 의외라는 듯 말했다.

"놀라긴 아직 일러. 국가에는 2종류가 있어. 스위스나 몽골처럼 바다를 면하고 있지 않은 내륙국과 바다에 접해 있는 일본 같은 해양국이지. 해양국은 내륙국보다 유리한 면이 있어. 자국 근처에 해양 면적이 있거든."

"단독주택의 마당이 자택의 일부라고 주장할 수 있는 것처럼요?"

"뭐, 그런 셈이지. 해양 면적*으로 치면 일본은 무려 세계 6위**야. 세계 상위 3퍼센트의 초대국인 거지. 해양 시장은 무한한 가능성이 열려 있는 맹점 시장이야."

'좁다'라는 고정관념과 '넓다'라는 객관적 사실의 어마어마한 간극은 도도에게 충격을 안겨주었을 뿐 아니라 잠재적 마케팅 기회로서의 큰 깨달음과 영감을 주었다. 도도는 말 그대로 아무도 없는 블루오션을 발견한 기분이었다. 이 인사이트는 훗날 확대되는 해양 시장에 도전하는 길로 이끌었고, 도도 그룹의 핵심 사업으로서 크게 꽃피우게 된다.

이날로부터 약 15년 후인 2035년….

❖　　영해와 배타적경제수역(EEZ)의 총면적.

❖❖　해양 면적 순위는 1위 미국, 2위 오스트레일리아, 3위 인도네시아, 4위 뉴질랜드, 5위 캐나다, 6위 일본이고, 영토와 합친 면적으로는 일본이 세계 9위다. 출처: 사사키 쓰요시, 《일본의 해양자원: 왜 세계가 주목하는가》

일본해 터널을 따라 원형의 인공 섬을 띄워 만든 해상 도시가 정비되어 100만 명 단위의 이주가 시작되었다. 급증한 인구로 인한 식량 보급 문제를 발 빠르게 포착한 도도그룹은 해상 도시에서 자급자족하는 시스템을 개발했다.

한편 해상 도시가 정비된 비슷한 시기에 태평양 먼 바다에서는 심해 도시도 발전했다. 수심 3,000미터 해저에서 수직으로 세운 나선형 기둥 끝, 수면 300미터 아래에 자리한 거대 구체 콜로니colony는 파도의 영향을 받지 않는 수중 공간으로서 건설 붐을 일으켰다. '잠수함 버스'로 많은 인원이 왕래할 수 있도록 만든 콜로니 내부에는 각종 브랜드 매장이 들어차 북적이는 쇼핑몰이 펼쳐지는데, 바다를 조망할 수 있는 식당과 쇼핑, 숙박 등으로 인기 명소가 되었다.

도도그룹은 그곳에 식료품을 제공하는 동시에 심해 도시 건설을 발판 삼아 획기적인 시스템을 구축했다. 심해에 광활한 심해 목장을 조성해 포유류를 양식한 뒤 우유 추출에 성공한 것이다. 지방질이 풍부해 영양가가 높은 바다 포유류의 우유를 특수가공해 식량난으로 증가한 영유아 사망이라는 사회 문제를 극복하고 가공품 시장에서 세계 점유율 1위의 지위를 굳혀갔다. 도도그룹이 '스마일 퍼스트Smile First'라는 슬로건으로 사회 문제에 도전하자, 전 세계의 전문 투자자는 물론 일반인의 지원까지 쏟아져 신규 사업에 박차를 가하는 데 집중할 수 있었다.

도도그룹의 사업은 30년간 대략 5단계를 거쳐 발전했다.

- 국내 비디오 대여 시장 × 대여 사업 ⇒ 철수 후 신규 사업으로
- 국내 푸드트럭 시장 × 푸드트럭 사업 ⇒ 국내 점유율 1위
- 해외 푸드트럭 시장 × 푸드트럭 사업 ⇒ 아시아 점유율 1위
- 아시아 가공식품 시장 × 가공식품 사업 ⇒ 아시아 점유율 1위
- 해양 시장 × 가공식품 사업 ⇒ 세계 점유율 1위

도도그룹은 세계적인 불황 등 수많은 어려움에 직면했지만, 식품 사업이라는 굵직한 축을 벗어나지 않은 채 '변화하는 환경'에 영리하게 자사 전략을 맞춰가며 착실히 발전해왔다. 그 덕분에 변화를 거듭하며 진화한 도도는 선망의 눈길을 한몸에 받으며 '거침없는 리더'라 불리게 되었고, 2050년에는 연결 (기준) 매출액 5조 엔, 전 세계적으로 직원 규모를 10만 명까지 확대하는 업적을 기록했다.

약 30년 전 야시로와 기획한 1만 배 매출 목표를 마침내 실현한 것이다.

2050년 12월 1일 목요일
@메트로폴리스 도쿄

도도의 강연은 예정 시간인 1시간 반이 지나 2시간을 넘기고 있었지만, 청중 중 누구 한 사람도 집중을 흩뜨리지 않고 이야기에 푹 빠져 있었다. 이따금 목을 축이던 컵의 물이 이제 얼마 남지 않았다. 도도는 단숨에 물컵을 비우고 마지막 인사를 위해 단상 중앙으로 이동했다. 스텝 1에서 스텝 6까지 진행된 '나를 바꾼 한 장의 지도' 강연의 결말이다.

"여러분, 제 이야기를 들어주셔서 감사합니다. 사람들은 저를 '거침없는 리더'라는 감사한 별명으로 불러주시는데, 솔직히 말씀드리면 실제와 다릅니다. 변화하는 환경 속에서 결단을 내릴 수 없을 때 저는 늘 방황했습니다. 다만 계속 방황하면서도 포기하지 않고 결단을 내릴 수 있었던 이유는 무엇일까요?"

잠시 숨을 고른 뒤 강연장을 천천히 둘러본다.

"오늘 밤 이야기한 '한 장의 미래 지도'를 그렸기 때문입니다. 그리고 동료들과 둘러앉아 이 지도를 보면서 비전을 공유했기 때문입니다."

이제 객석에서 필기하는 사람은 찾아볼 수 없었다. 20개국어로 동시통역되는 도도의 말을 머릿속에 새기고 있는 듯했다.

"만약 한 장의 미래 지도가 없었다면, 만약 지도가 여러 장이었다면, 만약 함께 지도를 볼 동료들이 없었다면, 저는 계속 방황만 하다 결단을 내리지 못했을 것입니다. 그리고 오늘 이 자리에서 여러분 앞에 서는 일도 없었을 것이며, 30년 전 그날 어두운 숲속에서 생을 마감했을지도 모릅니다."

마지막 인사를 하는 도도의 머릿속에는 야시로에게 가르침을 간청했던 오두막의 날들, 대여점 시절의 직원들, 30년간 만나온 멋진 파트너와 직원들의 얼굴이 떠올랐다. 야시로는 도도그룹의 특별 명예고문으로서 때로는 부드럽고, 때로는 엄격한 도도의 멘토로서 정정하게 곁을 지키고 있었다. 대여점 시절부터 함께한 직원 5명은 모두 수천 명 규모의 그룹산하 기업 대표에 취임해 놀라운 솜씨를 발휘해주고 있었다.

"오늘 밤에 한 이야기가 여러분에게 조금이라도 도움이 된다면 그보다 더 멋진 일흔 살 생일선물은 없을 것입니다. 저도 이제 아쉽지만… 여러분의 건투를 빌며 마이크를 내려놓겠습니다."

강연을 마친 도도는 한동안 고개를 숙이고 있었다. 청중은
모두 일어서서 끝없는 박수를 보냈다.

현자의 경영학과
강자의 비즈니스

마지막까지 읽어준 독자 여러분에게 감사 인사를 전하기 전에 알려드려야 할 결말이 있다. '들어가며'에서 나온 설산에서 조난당한 등반대를 구한 '한 장의 지도' 에피소드를 기억하는가? 나침반이 없어 무용지물이 될 수도 있었던 한 장의 지도가 등반대의 하산을 도와 목숨을 구한 에피소드의 뒷이야기다.

그들은 그 지도를 어떻게 활용했을까? 사실 목숨을 구한 그 지도에는 놀라운 것이 그려져 있었다. 등반대가 조난당한 곳은 '피레네 산맥'이었다. 그런데 피레네 산맥을 무사히 하산하게 도와준 한 장의 지도에는 약 1,300킬로미터나 떨어진 '알프스 산맥'의 지도가 그려져 있었다. 다시 말해 등반대 일행은 피레네 산맥에서 하산하는 데 전혀 도움이 되지 않는 지도를 보고 있었다는 뜻이다. 전혀 다른 지도를 보면서도 등반대가 안전하게 하산할 수 있었던 이유는 무엇일까?

이 에피소드가 의미하는 바를 나는 이렇게 해석한다. 한 장의 지도가 리더와 대원이 서로 믿을 수 있는 힘을 부여해준 게 아닐까? 지도를 보면서 그들은 희망을 발견하고, 서로 격려하면서 직면한 어려움을 극복해내지 않았을까? 지도가 있었기에 하산을 위한 전략을 대원들과 공유하고 전술을 극대화할 수 있지 않았을까?

나는 피레네 산맥에 가본 적이 없다. 피레네 산맥만큼 높은 산도 올라가본 적이 없다. 하지만 한 장의 지도를 보면서 눈앞에 닥친 고난을 헤쳐 나가야 한다는 결의만큼은 눈에 잡힐 듯 선명하게 다가온다. 나 또한 한 장의 미래 지도를 그려놓고 동료, 직원들과 함께 수많은 난관을 극복해봤기 때문이다.

당신도 설산에서 조난당한 것과 같은 상황에 놓여 있는가? 그럴 때 가장 먼저 해야 하는 것은 '미래 지도'를 펼치는 것이다. 리더가 그리고 직원이 함께 보는 지도가 있다면 설산에서도 무사히 하산할 수 있다. 한 장의 미래 지도에는 그런 힘이 깃들어 있다고 확신한다. 이런 한 장의 미래 지도를 소재로 책을 쓰게 된 계기를 잠깐 짚고 넘어가려고 한다.

현자가 사는 경영학이라는 대륙.

강자가 사는 비즈니스라는 대륙.

두 대륙은 맞닿을 듯 가까이에 있다. 도움닫기를 한다면 어렵지 않게 뛰어넘어갈 수 있는 거리에 있지만, 안타깝게도 두 대륙 사이에는 깊은 골이 존재한다. 두 대륙은 분단되어 있는 셈이다.

경영학 대륙에서 현자인 경영학자가 치열하게 작성한 논문은 비즈니스 대륙에서는 실무적인 고민을 해결할 수 없다며 탁상공론으로 취급받는 경우가 있다. 한편 비즈니스 대륙에서 강자인 기업들이 극복하는 문제들은 경영학 대륙에서 보면 우연히 해결된 일시적인 현상으로 간과되기 쉽다. 안타깝다. 이웃해 있는 두 대륙이 힘을 합친다면 서로를 더 발전시킬 수 있을 텐데 말이다.

이 책의 주제를 '한 장의 미래 지도'로 잡은 것은 두 대륙 사이를 자유롭게 오갈 수 있는 다리를 놓고 싶었기 때문이다. 복잡하고 방대한 비즈니스 이론을 현장에서 직접 사용할 수 있도록 한 장의 지도에 담는 것이 그 다리의 역할이라고 생각해 이 책을 쓰게 되었다. 그러면서도 이 책에서 전하고 싶었던 핵심은 아래에 집약된 내용이다.

리더는 방황해서는 안 된다.
그러나 리더이기 때문에 방황하기 쉽다.
그래서 '한 장의 미래 지도'가 필요하다.

나는 한 장의 미래 지도를 경영학, 특히 '변화를 향해 진화해야만 한다'라는 마케팅 관점에서 정리했다. 그런 점에서 조직의 리더는 물론 사업가나 마케팅 담당자에게도 유용한 책이 되리라 생각한다.

미래와 현재를 오가며 이야기를 끌고 가는 것은 나 역시 처음 시도해본 작업이었다. 그렇기에 이번 작업에 도움을 준 이들이 많다. 유연한 사고로 함께 달려준 편집자 무라카미 후미, 항상 기회와 기대를 보내준 이시즈카 겐이치로, 학문과 실무를 잇도록 힌트를 준 야치 히로야스 교수님, 마지막까지 응원해준 어머니까지, 모두 한마음으로 집필 과정에 힘을 보태주었다.

'한 장의 미래 지도'는 '과장학원' 강좌와 '마케팅 백열캠프' 강좌에 참가한 비즈니스 리더와 함께 계속해서 다듬어왔다. 수많은 수강생들에게도 감사 인사를 전한다. 또 '현자의 지혜'에 대해서는 미타니 고지의 저서가, '강자의 비결'은 《닛케이 비즈니스》가 큰 도움이 되었다. 이 지면을 통해 감사 인사를 드린다. 이야기 형식에 도전한 책에 모델이 되어준 분들, 귀중한 조언을 해준 동료들의 이름을 나열하며 고마움을 전한다.

간다 마사노리, 아오키 히로키, 이케다 아쓰시, 이토 다이스케, 이와쿠라 다케유키, 엔도 도시이치, 오다 다케시, 가토 시게키, 가토 준이치, 가토 마사카즈, 고이케 마사아키, 다카스카 게이타, 다다이시 마사유키, 데라다 쓰요시, 나카노 고, 히라쓰카 지마코, 히라쓰카 마루, 마쓰오카 마나미, 미쓰하시 마사타카, 야다 다쓰히코.

마지막으로 끝까지 함께해준 독자 여러분에게 온 마음을 담아 감사 인사를 전한다. 별의 개수만큼이나 수많은 책 중에서 이 책을 선택해 귀중한 시간을 들여 마지막까지 읽어주신 것, 그것은 이미 기적에 가깝다. 저자로서의 경험을 쌓아가는 가운데 그 기적의 고마움을 절실히 느낀다. 다시 한 번 책을 통해 독자 여러분과 만난 것에 진심으로 감사하다는 말씀을 드린다.

Good Luck!

참고 자료

SETP 1. 목표 설정

1. 표트르 펠릭스 그지바치, 《세계에서 가장 빨리 성과를 내는 사람은 왜 메일을 사용하지 않는가》
2. 클레이튼 크리스텐슨, 《증보개정판 혁신기업의 딜레마》
3. 클레이튼 크리스텐슨, 마이클 레이너, 《성장과 혁신》
4. 다노우에 마코토, '구글 호평의 비결: 10배 스케일로 생각하는 10×의 구조', 〈프레지던트〉 2015년 3월 16일호
5. 표트르 펠릭스 그지바치, 《세계에서 가장 빨리 성과를 내는 사람은 왜 메일을 사용하지 않는가》

SETP 2. 시장 파악

1. 필립 코틀러, 《마케팅 관리론》(제7판)
2. 《닛케이 비즈니스》 2020.01.06. No.2023
3. 〈주간 도요게이자이〉, 2015.04.25. 제6590

SETP 5. 목표 구체화

1. 다무라 마사노리, 《마케팅 매트릭스》
2. 요코타 이사오, 《최강의 카피라이팅 바이블》
3. 가나모리 쓰토무, '특별취재: 데아고스티니가 살아남은 법칙을 찾다', 글로비스 지견록
4. 요시오카 아야노, '철저한 사전 조사가 열쇠: 데아고스티니의 파트워크 비즈니스', 〈ITmedia 비즈니스 온라인〉

SETP 6. 가치 전달

1. 나카노 고, 《팔리는 문장술》
2. 요코타 이사오, 《최강의 카피라이팅 바이블》
3. 요코타 이사오, 《최강의 카피라이팅 바이블》

제3부. 전략과 전술의 수레바퀴

1. 《닛케이 비즈니스》 2020.02.10. No.2028
2. 《닛케이 비즈니스》 2020.02.10. No.2028

에필로그

1. 2019년 8월 결산 연결매출액 2.29조 엔. 출처: 패스트리테일링 IR정보
2. 2018년 12월 결산 연결매출액 2.12조 엔. 출처: 아사히홀딩스 IR정보
3. 2018년 3월 결산 연결매출액 1.24조 엔. 출처: 메이지홀딩스 IR정보
4. 2019년 3월 결산 연결매출액 4.14조 엔. 출처: 다이와하우스 IR정보
5. 2019년 3월 결산 연결경상수익 6.6조 엔. 출처: 닛폰생명보험상호회사 결산정보
6. 2019년 3월 결산 연결매출액 30.2조 엔. 출처: 도요타자동차 IR정보
7. 가와이 마사시, 《미래 연표: 예고된 인구 충격이 던지는 경고》

리더는
길을 알고,
그 길을 가며,
그 길을 보여주는 사람이다.

– 존 C. 맥스웰

사업의 최전선에서 살아남기 위한 강자의 무기

한 장의 미래 지도

1판 1쇄 발행 2023년 5월 23일

지은이. 요코타 이사오
옮긴이. 김혜영
기획편집. 김은영
외부기획. 서승범
마케팅. 김석재
디자인. 섬세한 곰

펴낸곳. 생각지도
출판등록. 제2015-000165호
전화. 02-547-7425
팩스. 0505-333-7425
이메일. thmap@naver.com
블로그. blog.naver.com/thmap
인스타그램. @thmap_books

ⓒ 요코타 이사오, 2023
ISBN 979-11-87875-32-1 (03320)